公共图书馆管理与服务研究

周 严 刘 元 杨雨琪 ◎著

吉林出版集团股份有限公司
全国百佳图书出版单位

图书在版编目（CIP）数据

公共图书馆管理与服务研究 / 周严, 刘元, 杨雨琪
著. —— 长春 : 吉林出版集团股份有限公司, 2023.6
ISBN 978-7-5731-3747-0

Ⅰ.①公… Ⅱ.①周… ②刘… ③杨… Ⅲ.①公共
图书馆 – 图书馆管理 – 研究②公共图书馆 – 图书馆服
务 – 研究 Ⅳ.①G258.2

中国国家版本馆CIP数据核字(2023)第140908号

GONGGONG TUSHUGUAN GUANLI YU FUWU YANJIU

公共图书馆管理与服务研究

著　　者/	周　严　刘　元　杨雨琪
责任编辑/	金方建
开　　本/	787 mm × 1092 mm　1/16
印　　张/	10.25
字　　数/	200千字
版　　次/	2023年6月第1版
印　　次/	2023年6月第1次印刷
出　　版/	吉林出版集团股份有限公司
发　　行/	吉林音像出版社有限责任公司
	（吉林省长春市南关区福祉大路5788号）
电　　话/	0431–81629679
印　　刷/	吉林省信诚印刷有限公司

ISBN 978-7-5731-3747-0　　定价　58.00元

前　言

公共图书馆是社会公益性的文化教育机构，是国家科学文化发展水平的标志之一，是社会文明的窗口之一，体现着一个国家的文化水平和社会的文明程度。21 世纪以来，在社会主义文化大发展大繁荣的背景下，全国各地纷纷建立了公共图书馆，图书馆的办馆条件也得到了大大改善。各地图书馆都开始意识到提升图书馆的管理能力，增强文化服务的效能，是保持公共图书馆全面、可持续发展的前提，也是促进公共图书馆生存和发展的必要条件。

知识经济时代的到来，为公共图书馆的发展带来了新的机遇和挑战，在这种新的形势下，公共图书馆应如何应对这些机遇和挑战才能更好更快地持续发展是图书馆界非常关注的重大课题。编写本书的目的是帮助公共图书馆的工作人员了解公共图书馆的服务理念，掌握新时期公共图书馆管理理论，进而提升公共图书馆的服务效能和服务质量。该书分为公共图书馆管理与服务的理论、公共图书馆管理的职能、公共图书馆管理的内容范畴、公共图书馆的读者服务工作、公共图书馆信息咨询服务、公共图书馆服务的新发展探微等几个方面的内容。

本书立足于理论与实践的结合，本着科学性、普及性、实用性原则，全面系统地阐述了公共图书馆管理与服务的基础知识，既对做好公共图书馆管理与服务工作有一定的指导意义，又是一本有利于公共图书馆工作人员学习提高的好著作。

在撰写本书的过程中，笔者得到了许多专家、学者的帮助和指导，在此表示诚挚的谢意。由于笔者水平有限，加之时间仓促，本书难免存在疏漏之处，希望各位读者多提宝贵意见，以便笔者进一步修改，使之更加完善。

目　录

第一章　公共图书馆管理与服务的理论

第一节　对公共图书馆的基本认识

公共图书馆是与人民大众关系最为密切的一种图书馆类型。公共图书馆是由政府投资兴办或由社会力量兴办的、向社会公众开放的图书馆类型，是知识资源收集、存储、加工、研究、传播和服务的公共文化空间和社会教育设施。公共图书馆具有公益性、均等性和普惠性，其又被称为知识的宝库、公共文化空间、第三空间、第二起居室、没有围墙的学校、文化信息的中心等。

一、公共图书馆的特征、职能及种类

（一）公共图书馆的明显特征

"在我国社会经济发展的转型时期，人们对精神文明的需求不断增强，公共图书馆作为培养精神文明的重要场所，能推动和谐社会的构建，打造学习型社会，为我国社会经济的发展及精神文明建设提供可靠支持。"[①] 公共图书馆具有三个明显的特征：公共、公益，平等包容，专业化。

1. 公共、公益

公共图书馆是一种社会制度的安排，这一制度规定由政府从公共税收中支付经费，公共图书馆则免费为当地居民提供服务。每个人都具有平等获取人类知识和信息的权利，而维护公共图书馆的公共供给是保障人人平等获取知识和信息的重要途径。从理论上说，公共图书馆的公共、公益性决定了其向社会成员免费开放和提供服务。目前，世界各国的公共图书馆几乎同时提供免费服务和收费服务。免费的服务称为基本服务或核心服务，收费的服务称为非基本服务或增值服务。

2. 平等包容

平等包容的公共图书馆服务包括两方面的含义：每个公共图书馆为其用户提供平等包

---

①贾晓兵. 公共图书馆管理现状及对策分析［J］. 办公室业务，2022（13）：159-161.

容、无差别的服务；整个公共图书馆服务体系为全体社会成员提供普遍均等的图书馆服务。

公共图书馆向所有社会成员开放，要求公共图书馆普通公共服务空间（需要特殊保护的除外）要在承诺的开放时间内向每个人开放，不设任何限制，也不管个人的阶层、种族、宗教信仰、经济能力、性别、年龄等如何。

3. 专业化

公共图书馆的专业化表现在四个方面：第一，运用图书馆学的理论、技术和方法，保障读者有效查询和获取所需知识和信息；第二，聘用专业馆员开展智力型业务；第三，公共图书馆智力型业务工作需要专业知识的支撑；第四，依托整个图书馆职业和行业组织的支持，维持并不断提高自身的业务水平。这要求公共图书馆必须加强与其他图书馆的联系，并与行业组织建立联系。其中，加强与行业组织的联系尤为重要，这些组织可以将不同类型的图书馆凝聚为一个整体，同时可以在提供交流平台、制定行业标准、支持人员培训、监督评估服务质量、制定和执行职业道德规范方面提供支持。

（二）公共图书馆的一般职能

一是文献信息保存及传承职能。文献信息保存及传承人类文化遗产是公共图书馆最传统的职能，是图书馆产生之初就具备的功能。

二是社会教育职能。社会教育职能对公共图书馆来说显得尤为重要。我们常说，图书馆是没有围墙的社会大学、公共图书馆是人民的终身学校，都充分体现了它的教育职能。

三是文献信息传递职能。图书馆具有中介性，这个特性决定了传递文献信息是公共图书馆的一个重要职能。这一职能一般通过流通、阅览和参考咨询等服务部门来实现。

四是促进阅读职能。保障民众的阅读权利，促进阅读兴趣的培养和提高，是现代图书馆不可推卸的责任。各级公共图书馆可以通过形式各异的阅读推广活动来实现促进阅读的目标。

五是休闲娱乐职能。随着现代图书馆职责的扩大，为大众休闲娱乐提供便利也成为公共图书馆的职责。

（三）我国公共图书馆的种类

在我国，公共图书馆基本是按行政区域建立起来的，接受当地政府各级文化部门的领导，均建在各级政府所在地。

我国的公共图书馆包含以下几个种类的图书馆：国家图书馆、省（直辖市、自治区）图书馆、县（县级市、市辖区）图书馆、乡镇（街道）图书馆、社区（村）图书馆及各级少年儿童图书馆。

二、公共图书馆的用户（读者）

凡是利用了公共图书馆所提供的资源、环境以及服务的个人或团体，都可以称为公共图书馆用户（读者）。

（一）用户权利及其保障

1. 用户权利的主要内容

一般地说，公共图书馆的用户权利包括以下几方面。

第一，文化权利。文化权利是公民的基本权利之一，是指公民在社会文化生活中应当享有的不容侵犯的自由和利益。由于公共图书馆是公共文化设施，因此文化权利是公共图书馆用户应当享有的最基本的权利。文化权利主要包括参与文化生活的权利、分享文化成果的权利、参与文化活动及文化事务管理的权利、文化创造自由权和文化成果得到保障的权利。

第二，平等地享受公共图书馆服务的权利。《公共图书馆宣言》中明确规定：每一个人都有平等享受公共图书馆服务的权利，而不受年龄、种族、性别、国籍、语言或社会地位的限制。确保公共图书馆用户能够平等地享有图书馆服务，是公共图书馆开展用户服务过程中必须遵循的原则。

第三，自由获取信息的权利。公共图书馆在开展服务的过程中应充分尊重用户自由获取信息的权利，应当向用户公开各类文献信息资源的收藏情况、布局、服务种类、服务时间，以及与服务相关的各类规章制度等信息，有义务解答用户询问的问题，辅助用户更好地利用图书馆资源和服务。

第四，用户隐私得到保护的权利。公共图书馆在开展服务的过程中，不可避免地会收集和掌握用户的部分私人信息，如用户的姓名、地址、单位、身份证号码、联系方式、阅读习惯等，图书馆有义务保护这些信息，确保用户信息安全，也不利用这些信息侵扰用户的生活。（《中华人民共和国公共图书馆法》第四十三条规定：公共图书馆应当妥善保护读者的个人信息、借阅信息以及其他可能涉及读者隐私的信息，不得出售或者以其他方式非法向他人提供。）

2. 用户权利的保障措施

公共图书馆保障用户权利的措施如下。

（1）法律保障

为了保障用户的权利，公共图书馆在开展各项服务工作时，不仅要遵守《中华人民共和国公共图书馆法》，还要遵守其他相关法律。

（2）服务理念

为了保障用户的权利，公共图书馆在开展各项服务工作时必须有先进的服务理念作为支撑和导向。

（3）行业规范

相关部门应为公共图书馆制定行业行为规范和业务工作准则，并以此作为筹划资源建设、规范用户服务、提升管理水平、提高服务质量的制度化措施，以规范公共图书馆的行为，保障用户权利。

（4）技术措施

目前，在公共图书馆的各项业务工作中，在数字资源发现与获取、数字版权保护、远程访问控制、读者信息管理等方面，都有成熟的技术解决方案，为用户权利保护提供了自动化系统的保障。

（5）社会教育

由于公共图书馆是一个面向全社会开放的文化机构，公共图书馆的建设是一个需要全社会共同参与的工作，所以社会教育是保障图书馆用户权利的一项重要工作。对内，要增强工作人员的法律意识，加强职业道德和业务规范教育。对外，在用户层面，要举办与公共图书馆服务相关的法律政策和业务规范的宣讲活动，以帮助用户树立正确的法律意识，了解保护自身权利的正确方法和途径；在社会层面，进行广泛宣传，帮助相关政府部门和全体公众正确认识和把握公共图书馆的特点和服务属性，有效监督公共图书馆工作人员的工作，对公共图书馆事业的发展给予更全面的理解和支持。

（二）用户培训

1. 用户培训的内容

公共图书馆有计划、有目标、有步骤地开展用户培训工作，既是公众的文化需求，也是公共图书馆必须履行的职责，更是图书馆提高资源利用率、拓展服务的有效方法。基于此，用户培训的主要内容包括以下几个方面。

（1）图书馆基础知识

这是最为基础、最为重要的培训，可以帮助用户了解图书馆基本概况、馆藏资源特点及布局、文献分类常识和查找方法、各类服务介绍等知识，为用户更好地利用图书馆奠定良好的基础。

（2）图书馆资源与服务推介

介绍图书馆最新的资源和服务，使用户能从众多类型的资源和服务中迅速锁定自己所需要的内容。

（3）文献信息检索技能培训

这是提升用户信息素养的一种比较综合的培训内容，它能教会用户在合理的时间内从种类繁杂、数量庞大的各类资源中获取有用信息，旨在帮助用户更为全面地掌握信息加工和处理的方法，更好地驾驭信息工具。

此外，还可根据用户的需求举办计算机应用能力培训、外语培训等，以提升公共图书馆的社会影响力，培育潜在用户。

2. 用户培训的方式

（1）到馆用户培训

一是在专门的教室培训。目前很多图书馆都有系统的用户培训计划，在固定的时间和地点进行。二是与图书馆日常工作相结合对用户进行辅导。这是图书馆参考咨询工作的重要方式。用户在使用图书馆的过程中，可以随时得到工作人员的指导和帮助，解决遇到的问题。这种培训贯穿图书馆服务工作的始终，它可以强化用户的服务感受，提升用户满意度。

（2）用户所在机构的现场培训

针对某一机构的用户进行培训，可根据他们的特点和需求设计课程，易形成培训讲师与用户的互动。

（3）远程培训

远程培训是指通过各种媒体和网络进行培训。大多数图书馆采用集中面授与借助网络进行远程教育相结合的方式开展用户培训。远程培训主要有两种方式：一是开设专门的网络培训平台。图书馆将制作的培训录像、交互式培训课件或培训讲义上传到网络培训平台，或者通过虚拟参考咨询系统为用户提供远程辅导。这种远程培训方式具有成本低、服务范围广、便于维护等特点。二是利用广播电视网络进行培训。广播电视网络是用户培训的新平台。目前国家图书馆等先进图书馆已经建设了数字电视频道，通过有线电视网络播放培训教育节目，既经济又便捷。

第二节　公共图书馆管理的内涵意义

一、公共图书馆管理的内涵阐释

公共图书馆管理是一项十分复杂的工作，它需要协调各方、做好规划、整体布局、有效控制，合理配置和优化组合人力、物力等方面的资源，使整体效能最优化，这样的建设布局才能与公共图书馆建设的长远目标基本吻合，才能符合未来的建设与发展布局。

通常来说，就具体的管理而言，可以将管理细化为基层管理、中间层管理与高级管理三个层次，管理主要是针对馆内书籍、基础设施、资金花费等方面来展开的。管理涉及的内容、涵盖的范围与管理对象之间的联系十分紧密。其具体包括整个馆内的部门体系、行业的整体建设布局以及馆内网络、分类网站等。我们之所以要开展公共图书馆管理工作，根本原因就在于被管理对象能够与社会系统建设相互协调。

从管理方式的角度来看，可以将其细化为法律、行政和经济几个类型。从管理结构的角度来看，公共图书馆之间存在大小的差异，因此要根据它们的规模来决定采取哪一级别的管理模式，可以是一级模式，也可以是多级模式。管理的质量，究其根本，能够充分体现出工作人员之间的协作效果。从具体的管理内容看，最初公共图书馆的管理还相对比较保守；随着公共图书馆功能的不断完善，管理的开放性特征愈加凸显，公共图书馆的实用价值被彰显出来。随着资源的共享程度越来越高，现代化特色日益凸显，管理过程中的速度、质量等越来越受重视。

简单而言，公共图书馆管理主要是针对公共图书馆系统来展开的。我们如果对管理进行分类，可以从宏观和微观两个方面来进行探析。前者是针对整个社会的公共图书馆事业而言的，后者则是针对个体化的公共图书馆管理来说的。

在判断一个图书馆的绩效究竟如何时，一个重要的参照标准就在于服务对象的需求是否得到了满足。对于公共图书馆而言，让读者满意是其最高的追求。公共图书馆无论是在哪种环境条件下，都必须时刻关注读者的感受。所以，管理的最终目的是取得更好的口碑，有效利用各种人力、物力、信息等资源，使其为公共图书馆的高效运作服务。

二、公共图书馆管理的时代意义

公共图书馆管理的时代意义体现在以下三个方面。

第一，公共图书馆管理是图书馆发展的需要。公共图书馆工作繁杂，内容众多，要想每一项工作都完成得井井有条，需要相关人员不懈地努力。在这样一个大系统之中，要合理安排每一个环节，确保物资供应充足，同时还需要合理安排人力资源，让所有工作者能够有条不紊地工作，确保每一项工作都能顺利地开展下去。

社会的发展步伐日益加快，科学文化日益繁荣，公共图书馆建设在形式、内容、种类、范围方面也都在不断深化拓展，用户之间也建立了更为紧密的联系。我们也能够从中深刻地认识到，公共图书馆不再是一个个独立的个体，它们之间彼此紧密相连，成为一个新的有机体。所以，需要发挥管理的重要价值，使得不同图书馆之间、不同用户之间能够建立更为密切的联系。公共图书馆事业不可能只依靠某一个图书馆单独完成，它需要集体的智慧与力量，需要从全国的角度进行考虑，合理分配，优化布局，协调配合，推进发展，促进公共图书馆建设迈上新台阶，使公共图书馆管理效果逐步增强。只有这样，各类文献资源的价值才能被充分发挥出来，才能被高效利用起来。①

第二，公共图书馆管理是信息服务和用户需求的需要。世界各国文献的数量在以前所未有的速度增长，科学技术发展也更加成熟，信息来源多样造成真伪难辨，这就导致公共图书馆在开展正常工作时需要付出更多的努力：一是面对纷繁多样、来源各异、内容多元的文献信息时，一定要严格筛选流程，科学加工，严格管理；二是必须通过多元化的方式为用户定位他们所需要的信息。为了实现这一目标，公共图书馆需要科学安排各项工作，定期进行专业化培训，严格信息和数据调研流程，了解用户的真实诉求，这是公共图书馆建设过程中的一项重要责任。

第三，公共图书馆管理是图书馆现代化的基础。随着信息技术的飞速发展，公共图书馆也发生了新的变化。当下，公共图书馆在现代化的进程中迈出了关键的一步，管理科学化、政策标准化、技术自动化、运用智能化等成为其未来发展的新趋势。而公共图书馆依托于严密的电子设备来进行运作，因此科学的管理是实现其价值的先决条件。

第三节　公共图书馆管理的原理及模式

一、公共图书馆管理的原理

原理是指某种客观事物的实质及其运动的基本规律。公共图书馆管理原理是对图书馆管理工作的实质内容进行科学分析和总结后形成的，是图书馆管理活动的抽象，是对图书馆各项管理制度和管理方法的高度综合与概括，因而对一切图书馆管理活动具有普遍的指导意义。

（一）系统原理

任何社会组织都是由人、财、物和信息组成的系统，任何管理都是对系统的管理，没有系统，也就没有管理。系统原理不仅为认识公共图书馆管理的本质提供了新的视角，而且它所提供的观点和方法广泛渗透人本原理、能级原理、动力原理和效益原理之中，在公共图书馆管理原理的有机体系中起着统率作用。

---

①李东燕. 基于公共图书馆管理与服务创新分析［J］. 明日风尚，2019（8）：170.

系统原理是有关系统的基本属性、共同特征和一般规律的理论概括，主要体现在系统与要素、要素与要素、结构与功能以及系统与环境、系统与时间等关系上。

1. 系统整体性原理

系统整体性是指系统诸要素相互联系的统一性。整体性是系统最本质的属性，因而"整体"和"系统"这两个概念经常被同义使用。在这个意义上，有学者指出："一般系统论是对'整体'和'完整性'的科学探索。"因此，整体性原理是系统原理的一个最基本的组成部分。

系统的整体性根源于系统的有机性和系统的组合效应。系统整体性原理的基本内容有：①要素和系统不可分割；②系统整体的功能不等于各组成部分的功能之和；③系统整体具有不同于各组成部分的新功能。

系统整体性原理对公共图书馆管理工作具有重要的指导意义。

第一，根据公共图书馆管理目标，把管理要素组成为一个有机的系统。公共图书馆管理的目的就在于把图书馆中诸要素的功能统一起来，从总体上予以放大。从这个意义上说，公共图书馆管理是一门把图书馆中的各种要素或各个部分协调起来，使之达到某种组织目标的学问。

第二，把不断提高要素的功能作为改善公共图书馆系统整体功能的基础。由于组成图书馆系统的要素是决定其整体功能状况的最基本的条件，因此改善公共图书馆系统的整体功能一般应从提高其组成要素的基本素质入手。公共图书馆系统作为一个整体，一般由采访、分编、典藏、流通等部门或环节组成。任何一个部门或环节的功能素质不健全或相对较弱，都会在一定程度上影响图书馆的整体效应。因此，必须按照公共图书馆整体目标的要求，不断提高各个部门，特别是关键部门或薄弱部门的功能素质，并强调局部服从整体，以保证公共图书馆系统具有最佳的整体功能。

第三，保证公共图书馆系统要素的合理组合。系统整体性原理告诉我们，整体功能不守恒的实质在于结构是否合理。因此，改善和提高公共图书馆系统的整体功能，不仅要注重发挥每个要素的功能，更重要的是调整要素的组织形式，建立合理的结构，从而优化公共图书馆系统整体功能。

2. 动态相关性原理

任何系统都处在不断地发展变化之中，系统状态是时间的函数，这就是系统的动态性。系统的动态性取决于系统的相关性。系统的相关性是指系统的要素之间、要素与系统整体之间、系统与环境之间的有机关联性。它们之间相互制约、相互影响、相互作用，存在着不可分割的有机联系。相关就是联系。正是由于系统内部诸要素之间、要素与系统整体之间、系统与环境之间的相互作用和相互联系，才构成了系统发展变化的根据和条件。动态相关性原理的实质是揭示要素、系统和环境三者之间的关系及其对系统状态的影响。

动态相关性原理的基本内容有：①系统内部要素和要素之间的相关性；②要素与系统整体的相关性；③系统与环境的相关性。从上述内容可以看出，动态相关性原理和系统整体性原理是紧密联系的。整体性原理是系统思想的核心，动态相关性原理则是整体性原理的延续和具体化。

动态相关性原理对公共图书馆管理工作具有重要的指导意义。

第一，任何一个要素在公共图书馆系统中的存在和有效运行都与其他要素相关。公共图书馆系统中某个要素发生变化，就会引起其他相关要素的相应变化。例如：公共图书馆藏书规模的扩大，必然要求增加工作人员和书库空间；公共图书馆新馆舍的建成，图书馆管理人员必然要求对工作人员、藏书、设备等要素重新进行布局；一位新馆长的上任，必然会引起图书馆系统内一系列要素的变化；公共图书馆自动化系统的应用，必定要求对馆员进行培训；公共图书馆经费的缩减，必定会影响设备的更新与维护、工作人员的福利待遇、藏书建设水平等。因此，在公共图书馆管理实践中，当我们想要改变某些不合要求的要素时，必须注意考察与之相关要素的影响，使这些相关要素得以相应地变化。公共图书馆系统中各要素发展变化的同步性可以使各要素之间相互匹配，从而增强协同效应，以提高公共图书馆系统的整体功能。

第二，公共图书馆系统内部诸要素之间的相关性不是静态的，而是动态的。要素之间的相关作用是随时间变化的，由此决定了系统整体的性质和状态也是不断发展变化的。因此，必须把公共图书馆系统视为动态系统，在动态中认识和把握其整体性，在动态中协调部分与部分、部分与整体的关系。公共图书馆管理的过程，实质就是把握藏书、馆员、读者、经费、设备等要素的运动变化特点的过程，然后有针对性地进行调节和控制，最终实现公共图书馆管理的最佳目标。

第三，公共图书馆系统的整体功能存在于公共图书馆与环境的相关性之中。如果说要素之间的相关性形成系统的结构联系，使系统成为具有一定结构的整体，那么系统与环境的相关性则形成系统的功能联系，使系统具有某种整体功能。系统的这种整体功能，表明系统与环境必须按照一定的规律进行物质、能量和信息的交换，才能保持系统整体的性质，产生一定的整体效应。如果系统与环境的输入和输出关系遭到破坏，系统整体的性质和整体效应就会受到影响。因此，一定要在公共图书馆系统和环境的相互联系和相互作用中认识和改善公共图书馆系统。

3. 层次等级性原理

一个系统的组成要素是由低一级要素组成的子系统，而系统本身又是高一级系统的组成要素。这种系统要素的等级划分就是系统的层次等级性。

层次等级性原理的基本内容有：①层次等级结构是物质普遍的存在方式；②处于不同层次等级的系统具有不同的结构，也具有不同的功能；③不同层次等级的系统之间相互联系、相互制约，处于辩证的统一之中。

层次等级性原理对公共图书馆管理工作具有重要的指导意义。

首先，系统层次等级性原理可以指导人们合理设置公共图书馆管理层次。管理组织系统划分层次等级的主要原因在于管理对象的复杂性与管理者个人能力的有限性之间的矛盾。尽管今天的管理者比以往的管理者在能力和手段上有了普遍提高和丰富，但今天的管理对象要比以往复杂得多。管理对象的复杂化，使管理组织系统的规模日益增加。对于规模较大的公共图书馆系统来说，合理划分管理层次、建立等级结构，可以削弱系统规模和对象复杂性之间的联系，缓解管理对象复杂性和管理者能力之间的矛盾。这是因为，把一个较大的管理组织系统划分为不同的层次等级，按照层次等级进行分级管理，可以使处在不同层次的管理者直接联系的人数（包括上级和下级）大体相当，从而使他们的管理能力和管理对象相适应。

其次，系统层次等级性原理可以指导人们科学地分解公共图书馆目标。公共图书馆系统的层次等级是科学分解目标的组织基础。一个图书馆系统总是要根据自身的基本任务、上级的指令、当前的状况、发展的需要和各种内外条件来确定系统的总体目标，然后按照图书馆系统的层次等级将总目标分解为不同层次、不同部门的分目标。分目标要保证总目标，总目标要指导分目标，从而形成前后衔接、上下贯通的目标体系。这样建立起来的目标体系，在组织上能使目标由上而下层层具体、层层落实，由下而上层层负责、层层保证；在内容上既能明确本级系统的基本任务，又能反映分目标和总目标的关系，便于处理局部和整体的矛盾。在明确每一管理层次、每个部门乃至每个人的目标责任的基础上，授予相应的权力，进而建立起目标责权体系，使整个图书馆管理工作走上系统管理的轨道。

最后，系统层次等级性原理可以指导人们按图书馆系统的层次实施层级管理。图书馆系统中的每一层级所处的地位不同，因而性质和功能也不同。每一个管理者都有自己相应的管理层次，处于不同层次的管理者各有不同的目标责任和要求。一般来说，同一层次各子系统的横向联系应由这一层次的系统全权处理，只有在出现不协调或发生矛盾时才提交上一层次的系统来解决。上一层次系统的任务有两个：一是根据本系统的目标向下一层次发出指令，并检查监督指令执行的结果；二是解决下一层次中各子系统之间的不协调或相互之间的矛盾。当每一层次的任务明确以后，各层次的各子系统均须围绕着本层次的中心任务开展工作并通力协作，上一层次一般不宜干预下一层次的工作，这样就能形成有序的层级管理。

4. 系统有序性原理

系统的有序性是指构成系统的诸要素通过相互作用在时间和空间上按一定秩序组合和排列，由此形成一定的结构，决定系统的特定功能。系统的有序性标志着系统的结构实现系统功能的程度。因此，系统有序性原理的实质在于揭示系统的结构与功能的关系。

系统有序性原理的基本内容有：①任何系统都有特定的结构。结构合理，系统的有序度高，功能就好；反之，结构不合理，系统的有序度低，功能就差。②系统由低级结构转变为较高级的结构，即趋向有序；反之，系统由高级结构转变为较低级的结构，即趋向无序。③任何系统必须具有开放性，才能使系统维持有序结构。

系统有序性原理对公共图书馆管理工作具有重要的指导意义。

第一，掌握系统有序性原理，有助于深入理解图书馆系统对外开放和对内搞活政策。任何图书馆系统都应该是一种具有活力的耗散结构系统。耗散结构系统的存在和发展必须具备两个条件：一是对外开放，二是内部要有活力。只有对外保持图书馆系统的开放性，才能从外部环境中吸收负熵流，以抵消内部的熵增，使图书馆系统处于非平衡态或远离平衡态，即使图书馆系统具备有序发展的外部条件。对内要有活力，就是要保持图书馆系统内部的非平衡态。这是因为，一个图书馆系统如果处于无差异的平衡状态，就意味着其内部不存在势能差。根据耗散结构理论，无势能差的平衡系统服从势能最小原则，因而必然是一个低功能系统。

第二，掌握系统有序性原理，有助于提高图书馆管理的有序度。要提高公共图书馆管理的有序度，必须科学地安排图书馆系统诸要素的秩序，使之协调匹配，以减少内耗而求得统一的整体功能。为此，主要应使以下三个方面有序：首先是目标体系有序；其次是目标实施过程有序；最后是组织系统有序。

（二）人本原理

1. 人本原理的含义理解

所谓人本，顾名思义，就是以人为根本。概括地说，公共图书馆管理的人本原理是指在公共图书馆管理活动中，坚持"以人为本"的理念，以调动和激发人的积极性和创造性为根本目的，从而提高管理效率和促进人的不断发展。

该原理具体包含以下几层含义。

第一，人的因素第一的观念。所谓人的因素第一，就是在观察任何事物、处理任何事情、解决任何问题时，都把人的因素看作首要因素、关键因素、决定性因素，既不是重物不重人，也不是见物不见人。

第二，尊重知识、尊重人才的观念。尊重知识和尊重人才是统一的。这是因为，知识是培养人才的基础，人才是知识的人格化。但公共图书馆管理中的人才观念是指广义上的人才，而不仅仅是指少数典型或代表性人物。

第三，以人的不断解放和全面发展为最高追求目标的观念。

第四，"人和第一"的观念。在公共图书馆管理中树立"人和第一"的观念，既包括管理者之间即领导班子之间的团结合作、管理者与被管理者之间的团结合作，上下同心同德；也包括团体或组织内良好的人际关系、团体或组织外良好的社会关系。

2. 贯彻人本原理的主要途径

第一，把公共图书馆管理建立在对人的本性的科学认识的基础上。从人本原理来看，公共图书馆管理主要是人（馆长、书记、副馆长、部门主任、小组长等）对人（普通馆员和读者）的管理。因此，建立任何管理制度，制定任何管理措施，都必须对人的本性有一个准确而科学的认识。通俗地讲，就是要首先明确所管理的人是什么人，然后再研究管理制度和管理方法，即如何管理的问题。这样就能使所制定的管理制度和措施有较强的针对性，使之建立在科学且实际的基础上，从而从根本上起作用。

第二，重视人的精神、价值观和政治思想在公共图书馆管理中的作用。我国古代就有"为将之道，当先治心"的名言。随着社会的不断进步和人们物质文化生活水平的不断提高，人的精神追求、价值观和思想政治素养在管理中发挥的作用越来越大。因此，公共图书馆管理应顺应这一历史潮流，重视文化建设，加强思想政治工作，以使公共图书馆系统有明确的追求目标，形成良好的共同价值观和强大的精神凝聚力。精神凝聚力是最根本的凝聚力，任何公共图书馆只要形成了强大的精神凝聚力，就能充分发挥人的"自动自发"功能，就能经得起任何艰难困苦的考验，无往而不胜。

第三，创造能充分发挥人的聪明才智和拔尖人才脱颖而出的机制和环境。一般来说，一个体力、脑力比较健全的人，只要使其能力得到一定程度（不一定是全部）的发挥，就可以创造出一定的财富。按照这一理论，任何公共图书馆都不存在人的能力和积极性缺乏的问题，而只可能存在缺乏使人的能力和积极性得到充分发挥的机制和环境。当今公共图书馆中存在的种种影响人的才能和积极性充分发挥的因素，如领导作风、运转机制、管理制度、精神风貌等，大多是人为原因造成的。因此，要想提高公共图书馆的管理水平，增强公共图书馆系统的活力，就必须大胆地清除影响人的才能和积极性充分发挥的各种障碍。公共图书馆只有实行民主管理，建立平等的竞争机制，制定公开、公平和公正的分配制度与干部培养、选拔、任用和考核制度，以及贯彻目标、责任、权力、绩效和利益"五位一体"原则等，才能为人才成长营造一种良好的环境。

（三）能级原理

1. 能级原理的含义理解

能是做功的本领，这种物理现象在管理活动中同样存在。人、机构和法规都有个能量问题。能量既有大小，就可以分级，就可以建立一定的管理程序、规范和标准体系。管理的能级是现代化大生产发展的必然产物，正是它构成了现代管理的"场"和"势"，使管理得以有序进行。公共图书馆管理的任务之一就是建立一个与其要素的能量相对应的、具有不同层次及能量的合理的结构体系，使公共图书馆的各要素及其行为动态地纳入相应的能级中，形成图书馆系统得以良性运行的"场"和"势"，进而达到优化图书馆系统整体功能的目的。这就是公共图书馆管理能级原理的含义。

2. 公共图书馆能级的结构优化

优化公共图书馆的能级结构是优化公共图书馆能级动态的基础和保证。若对公共图书馆的能级结构形态做几何学考察，则一个稳定的图书馆能级结构应呈正三角形态。其特点是：上面（战略规划层）最小、中间（战术计划层）稍大、下面（技术操作层）最大。

管理组织的正三角形态属于全稳态能级结构系统，是公共图书馆管理较理想的能级结构形态。其典型特点是：①决策层令行统一，政出一门；执行层有章可循，有据可依，从而保证管理的路线、方针和政策能长期稳定地持续下去。②能满足管理智力和权力在质上递增、在量上递减的原则。③符合现代管理的投入产出法则，可做到以最小投入实现最大产出。④便于发现各管理能级故障，职责明确，后果了然。

3. 公共图书馆能级的动态优化

（1）不同能级的管理岗位必须具有不同的目标和任务

著名的安东尼结构曾将管理系统分为三个层次，即战略规划层、战术计划层与技术操作层。其中，战略规划层主要考虑诸如管理系统的某一项目要不要上及什么时候上等问题；战术计划层主要解决怎么上的问题；技术操作层的主要任务是更好地组织并保证实施操作。可见，各级管理岗位的目标和任务是不同的，因此对不同级别的管理人员的要求也不同。管理者的能力必须同他们各自的管理级别相对应，不可混淆。

（2）不同专业岗位的能级必须动态对应

每个人都有不同的能力和特长。管理者的责任就在于正确地认识和区别不同能力与特长的人，并尽可能使相应才能的人处于相应的能级岗位上，真正做到人尽其才、能释其量。但是，仅靠主观愿望和死板计划不可能做到这一点。因此，必须保证人们在各个能级中适当地流动，通过各个能级的管理实践去发现、锻炼和检验其才能，实现扬长避短、各得其所。而且，专业岗位能级变化和人的才能变化之间的交叉效应，要求公共图书馆管理必须实行动态的能级对应。只有这样，才能发挥公共图书馆管理的最佳效能和效率，进而获得最佳的管理效益。

（四）动力原理

在公共图书馆管理系统中，确立了"以人为本"的理念，对人也划分了能级，并不意味着公共图书馆管理活动一定会一帆风顺。因为人缺少了动力就不可能充分发挥其潜能，更不可能积极主动地为实现公共图书馆的目标而奋斗。因此，动力原理也就应运而生。

1. 动力原理的基本含义

管理动力是指推动管理活动向特定方向运动的力量。其意义和作用不仅在于使管理运动，而且在于使其非如此运动不可。

管理动力具有如下特征：①它不仅有大小、方向，而且有直接作用的目标；②它不仅是一种力量，而且还是一种强有力的制约因素，促使管理组织按特定方式、以特定速度和规模向特定方向运动；③它是形成管理组织有序运动的主要原因，是维持管理组织存在、发展和完善的必要前提。

现代管理强调，管理活动必须有强大的动力，尤其要求管理者最优地组合、正确地运用管理动力，从而使管理能持续有效地进行下去，并不断优化管理组织整体功能。这就是管理动力原理的基本含义。

2. 管理动力的基本形态

激发公共图书馆系统的高效能，推动公共图书馆管理行为高速做功并趋向公共图书馆整体目标，最基本的动力是物质动力、精神动力和信息动力。

（1）物质动力

公共图书馆管理的物质动力，是指通过一定的物质手段推动公共图书馆管理活动向特定方向发展，以有效地满足读者的知识和信息需求。因追求物质利益而勃发出来的力量是支配人们一切活动的动力，因而对公共图书馆人的物质激励是开发人员要素功能，并促进其加速做功的最原始、最基本和最重要的手段。

（2）精神动力

精神动力既包括世界观、人生观和价值观，也包括精神鼓励（如奖状、信任、关心、先进称号等），还包括日常的思想工作。

精神动力作为一种推动公共图书馆管理活动趋向优化目标的重要力量，已被越来越多的人所熟知。这是因为，作为推动公共图书馆管理活动的精神力量，一方面它依赖于物质力量，并以物质动力作为其存在和发挥作用的前提；另一方面，若精神动力较强、目标明确且又发挥得当的话，则会对物质动力产生巨大的反作用。它不仅能大大地影响并制约物质动力的方向，决定物质动力发挥的速度、范围、持久性等，而且一旦它转化成每个人员要素的内心信念，就会对个体要素的行为产生深远而持久的影响。所有这些都是精神动力的独特之处。值得一提的是，日常思想工作也是精神动力的一项重要内容。我们要高度重视公共图书馆管理活动，因为公共图书馆好似一个"清水衙门"，公共图书馆对物质动力的运用是非常有限的。

（3）信息动力

从某种意义上讲，公共图书馆管理的本质就是一个信息输入、存储、加工和输出的活动过程。信息作为动力，同其他动力一样，从特定的角度、以特定的方式推动着公共图书馆管理活动趋向特定的目标。信息量在迅速增加，而科学知识的老化周期则日益缩短。这种信息—知识的反向运动及其趋势对图书馆管理提出了特殊的要求。一个公共图书馆系统，为了维持自身的存在和发展，不仅要积极主动地输入、处理和输出各种信息，而且应不断地加大有效信息的输入和输出功率，这样才能立足于先进管理之列。公共图书馆的生存前提，既取决于它的信息加工能力和信息更新周期，也取决于它在向外部环境提供信息质量和数量的基础上所获得的用户市场。当然，在公共图书馆管理活动中，我们既要正确区分有用信息、无益信息和有害信息，又要注意保持信息量的度。

3. 管理动力的协调机制

由于公共图书馆管理的物质动力、精神动力和信息动力各自具有相对独立性，因此如何有机地组合、协调地运用这三类动力，就成为公共图书馆管理学需要研究的重大问题。

一般来说，管理行为在趋向系统整体目标的过程中，物质动力是其基础和前提，精神动力是其核心和灵魂，信息动力则是其必不可少的调节杠杆。三类动力各有自己的功用和意义，不可偏废。在不同的公共图书馆系统中，三类动力的地位和作用存在着各种各样的差异。即使在同一图书馆系统内，三类动力的地位和作用也不仅会随着时间、地点和条件的变化而变化，而且在不同结构、层次之间存在着区别。公共图书馆管理的任务之一就是要及时洞察其变化，把握其差异，采取既合乎实际又行之有效的措施，促使这三类动力相辅相成，发挥综合效力。

4. 管理动力刺激量的科学运用

根据控制论，我们可以通过一定的外部刺激来获得图书馆系统的动力。当图书馆系统及其要素的行为得到改善时，就予以鼓励、促进，这就是正刺激；反之，就予以惩罚、限制，这就是负刺激。从一定意义上讲，图书馆系统动力结构的优劣主要取决于正负刺激量的正确运用和比例是否恰当。如果刺激量不当，就不能有效地贯彻管理动力原则，就不能发挥出图书馆系统及其要素的最佳动力。

因此，公共图书馆管理者必须注意：①管理刺激应以实现目标为准；②注意刺激的时效性；③少用甚至不用定期刺激；④少用甚至不用固定刺激；⑤刺激应随人员要素不同而采取不同手段；⑥奖惩分明，奖惩结合，以奖为主。

二、公共图书馆管理的模式

（一）积分制管理模式

目前，在许多行业中早已运用了积分制管理模式。简单来说，读者积分制即读者进行了一定时长的阅读，就会获得相应的积分，根据积分的多少，用户被分成不同的等级。用户要想获得更高的积分，就需要回答更多的问题，积累更多的积分。到达一定的分数等级后，读者就会有另一种身份。不过，积分也并不一定是一直上升的，在违反一些规定后，会相应地扣除部分积分，如果一直被扣除积分，用户等级也会一直下降。总体来说，积分的使用正是为了使更多用户参与到活动中，尽可能减少他们的违规行为。

在实行积分制时，一般需要遵循以下原则：①彰显公平，每一项规则都应该被平等地运用到每一个用户的身上；②遵循动态原则，用户等级不是完全固定的，用户可以按照身份升级规则进行升级；③监督违规行为。

现在不少领域都在大力推广积分制。对于公共图书馆来说，可以从其他行业的优秀实践中借鉴经验，然后与自身的行业发展相结合，实现对读者的高质量管理，将"人"的价值充分彰显出来，真正让公共图书馆成为一个充满智慧、充满责任、充满信用、学习至上的快乐场所。

（二）"藏、借、阅、咨"一体化管理模式

"藏、借、阅、咨"一体化管理模式综合了多个服务流程，是对管理模式的一次巨大变革。它使读者的阅读更为便捷，也使书籍的使用率大大提升，图书馆也因此更加强调读者的作用与价值。然而，也存在一些问题需要持续深化探究，尽可能使每一个环节之间的联系更为紧密，逐步完善软硬件设施。从当下来看，推行"藏、借、阅、咨"一体化管理模式应从以下几个方面着手。

1. 具备配套的图书馆建筑环境

"藏、借、阅、咨"是一个整体的步骤与流程，为了更好地实现这一目标，在建设公共图书馆的过程中应该做到开间大、格局大，以确保基础设施满足基本要求。为了让读者在公共图书馆享受到更加便捷的服务，彰显出公共图书馆的人文性。当下，人们在设计公共图书馆的过程中或多或少地借鉴了国外图书馆的设计理念，遵循了相对规范的模数式理念，这种设计理念的优势在于其空间范围较大，便于加大负载能力，通过巧妙地利用一些现代化技术，能够使布局更加合理，空间格局更加完整。从"藏、借、阅、咨"一体化管理模式的建设角度来看，它实现了对整体空间的有效利用，同时后续的管理过程也更自由，服务质量和水平更高。

"藏、借、阅、咨"一体化管理模式依托现代化的技术来实施，因此其最终的实施效果与先进技术的使用之间有着极为紧密的联系。当前，计算机系统的智能化水平越来越高，其所发挥的安全保障作用也日益突出。众所周知，越是智能化、电子化的设备，其服务功能就更为多样和完善，这就使得互联网背景下，读者能够获得更好的阅读体验。为了有效确保文献资料的安全，公共图书馆还需要启动检测设备和门禁装置，这是保证"藏、借、阅、咨"一体化管理模式顺利实施的根基。除此之外，公共图书馆内还要配置各种各样的检测终端，以帮助读者在最短的时间内获取所需资料的信息，帮助他们预约所需要的书籍。

2. 以现代技术条件为支撑

"藏、借、阅、咨"一体化管理模式的顺利实施需要以现代技术条件为支撑，尤其需要以当下高度发达的计算机技术为支撑，以保障管理系统的安全性。只有在管理系统足够完善，功能足够多样的基础上，读者才能享受到更优质的服务。当下，无论在哪一个领域中，以多媒体为代表的现代技术都以其与时代联系的紧密性而备受欢迎，公共图书馆自身的特征决定了它必须借助于现代化的技术来拓展功能、推进转型，这是时代发展对公共图书馆建设的新诉求。

3. 具备相对完善的规章制度和高素质的管理队伍

"藏、借、阅、咨"一体化管理模式具有多重优势，它不仅自由度高，而且具有较强的包容性。大开间的格局能够使读者查阅资料时更为便利，体验感更好。不过，其中存在的一些问题也不容忽视，比如公共图书未按规定及时归还，设施设备遭破坏等，为了有效解决公共图书馆管理过程中存在的这些问题，需要制定基本的规章制度，同时还要将其细分为管理规则、守纪规则、业务规则、浏览规则、借阅规则、赔偿规则以及相关处理规则等。

对于公共图书馆而言，不仅要在制度方面下功夫，更应该重视继续教育，提升管理人员的工作能力和业务水平，组建高素质的管理队伍，使公共图书馆更好地顺应"藏、借、阅、咨"一体化管理模式的发展趋势，发挥好管理与服务的职能，从而为更多的人提供更优质的服务。

（三）图书馆联盟服务管理模式

由于公共图书馆收藏的文献资源不可能与读者诉求完全吻合，因此图书馆行业发展的一个大趋势必然是多个图书馆联合共赢，互惠互利，逐步打造一个强有力的联盟。随着科学技术的迅猛发展，互联网技术正处于高速发展期，伴随着这些新兴技术而诞生的图书馆联盟体必将占据行业发展的制高点，成为未来图书馆行业的中流砥柱。

具体而言，图书馆联盟服务管理模式可以细化为以下几个方面。

第一，馆际互借与文献传递。馆与馆之间的联系可以通过多种渠道来进行，用户可以自主完成，图书馆服务当中也包含这项服务。自助借阅需要一定的凭证，读者可以出示自己的证件，然后依照流程进行登记之后便可借阅；图书馆代为借阅主要针对的是在本图书馆内对需要的资料进行登记并委托图书馆代借的那部分读者而言的。文献传递就是按照读者反馈的数据资料，借助于传真、文本输送等方式将文献有效输送出去。

第二，统一检索。除了上述功能，图书馆联盟还能够使异库之间的资源被放置在同一个平台上，读者只要输入自己需要检索的内容，多个电子库中的资源就会分门别类地呈现出来。其中，还包括各种期刊、电子读物等。读者可以按照提示，结合自己的需求下载。

第三，参考咨询。在联盟的后台开设问答模块，业内专家一般会在 24 小时之内对相关问题做出专业解答。如果专家在线的情况下，还可以进行在线交流。这种实时咨询能够及时解决读者的问题，快捷高效。

第四，定题服务与代查代检。这项内容是专门针对特定用户而设计的。由于部分用户对信息的专业化要求较高，在检索时必然存在一些困难，这就需要发挥这一服务的功能。代查代检指的是结合读者提出的需求，按照他们给定的一些课题语词或者一些关键性语句来进行检索，检索包括从立项至最终验收整个流程。

第五，科技查新。这是专门针对计算机检索的一种现代化方式，通过大数据分析，结合读者选择的课题，为他们提供各种信息咨询，这会极大地减少他们的工作量，有效节约时间。

第六，网上培训。网上培训也是联盟服务当中的重要项目。培训不仅针对馆员进行，它还针对用户展开。对馆员进行培训能够帮助他们成长，提升其专业能力。对用户进行培训能够让他们更好地了解信息服务的主要内容，便于其更好地指导实践。

第七，个性化服务。每一个用户都有其特定的诉求，按照自己所需的资料存在的差异，通过联盟中心进行自主设置，系统会结合用户差异进行个性化推送，为用户提供个性化服务。

第八，科技评估。科技评估需要借助第三方来完成。委托方在完成委托之后，第三方就会按照其目的，依照流程与标准，通过多元化的方式提出操作性较强的策略。可以针对研究成果、研究领域、具体计划、机构设置、人员配备以及科技活动等领域进行科学评估。

（四）数字电视图书馆管理模式

数字电视是近些年来随着网络的迅速化发展而诞生的。它从最初的信号发出到最终的用户接受，整个流程当中的所有信号采用的都是 0 和 1 两个数码交叉组成的二进制数字流。不管是在信息采集之前，还是在制作的过程中，或者是最终传输到客户端那里，数字方式伴随始终。

数字电视图书馆充分发挥了"数字"这一时代化产物所具有的交互性，它不断开发新的接口，有效打通了图书馆与电视之间的屏障，通过专业化的手段将各种资源提供给用户，让他们能够观看到清晰的视频，享受到数字化带来的各种便利服务。当下，在业务形式的选择上，更多公共图书馆选择的是 IPTV、网络电视等来深化相关业务。正是数字化的便捷性使得家家户户都能享受到数字化资源。数字电视的应用也使读者能够随时随地、随心所欲查阅自己需要的各种资料，他们的需求在这里得到了最大化的满足。可以说，每一个家庭因此建立起了一个独属于自己的家庭图书馆。同时，数字电视图书馆也搭建起了馆藏资源向外输送的一架桥梁，用户可以通过 OPAC（联机公共检索目录）完成资料检索、书籍预约、讲座聆听、远程学习、问题咨询等一系列内容，真正打造成了多功能与多种服务的集合体，用户能够从中获得最好的阅读感受，精神世界得到了进一步丰富。

新媒体浪潮下，数字电视图书馆以其独特的优势和魅力成为我国"数字推广系列工程"当中的重要一环，其资源价值得到了进一步开发。伴随着推广程度的不断深化，公共图书馆在基础设施配备、技术能力提升、平台运作以及资源开发方面取得了明显的进步，这也为国家整体服务质量的提升、服务形式的创新奠定了基础。如今，许多省市纷纷响应国家号召，在相关建设方面取得了不错的成绩。数字电视图书馆的出现顺应了时代的诉求，符合现代化发展的新特点和新形势，是一种全新的服务模式，也是在新媒体浪潮下催生的发展模式；是公共图书馆未来转型发展的新起点，是确保群众享受高质量、平等化、公益性服务的新举措；是技术助推行业发展的典范与榜样。

第四节 公共图书馆服务理念及标准

一、公共图书馆服务理念

《中华人民共和国公共图书馆法》为公共图书馆服务确立了平等、开放、共享的原则，既体现了国际一般规律，也体现了中国特色；既呼应了新时代社会主要矛盾转化的历史要求，也为保障公民基本文化权益提供了坚强的法律保障。平等是开放和共享的核心，开放是平等的实现方式，而共享则是平等实现的必然结果，三者相辅相成。践行公共图书馆服务理念，应贯彻和落实《中华人民共和国公共图书馆法》要求，坚定文化自信，增强文化自觉，让人民享受更加充分的公共图书馆服务。

（一）"平等"理念

1. "平等"理念释义与辨析

"平等"，英语单词为"equality"，《牛津词典》译为"同他人享受同等的尊严、等级或特权"，《辞海》中解释为"人与人之间在经济、政治、文化等方面处于同等地位，享有同等的权利"。由此可见，"平等"一词作为一种无差别的结果或状态，中外的理解基本一致。作为具有较强政治学色彩的词语，平等思想在我国可见于"均贫富，等贵贱"等政治追求中，也是我国社会主义核心价值观社会层面的价值取向之一；在西方政治思想中，从古希腊的苏格拉底、亚里士多德到近代卢梭、马克思等思想家都对平等进行过论述，并将其作为政治思想领域的核心之一。在这种演变过程中，可以发现古今中外所强调的政治范畴的"平等"几乎是共同的，平等的内容从最初政治生活中强调的人格和权利的平等，拓展至包含经济生活和社会生活的平等，而随着时代发展平等的具体内容和权利主体、程度持续增加，作为现代社会"社会基本品"的平等，至少应当包括人格尊严、基本人权、最低社会福利和必需资源。在追求或实现平等的过程中，不得不涉及另一概念——公平。

平等和公平有联系也有区别。公平是指按照一定的社会标准（法律、道德、政策等）、正当的秩序合理地待人处事，强调的是不偏不倚。从词义上讲，二者都含有"均等"之义。如果说将平等视为一个状态和过程，公平则是一种程序和过程。二者都具有一定的相对性，并在实现的条件上存在差异。从评价标准出发，公平是在某种社会关系下相对公平，以历史的尺度为衡量标准，具有一定的主观色彩和差异性；平等的含义与标准不受时代等条件限制，因而公平是对一定历史条件下的平等的认同。从社会价值和社会关系角度来看，由于社会分工细化出现利益分配，进而产生社会公平与否的问题，利益的分配及其认同是公平程度关注的焦点；平等在聚焦上述问题外，更关注社会地位和尊严问题，进而衍生出对人的基本权利的追求，《世界人权宣言》更是明确指出"人人生而自由，在尊严和权利上一律平等"。由此可见，以统一的原则、标准和程序分配资源，其结果是公平的，但不必然是平等的；换而言之，平等是公平的理想境界，是更高水平的公平。

2. "平等服务"思想的践行

（1）因地制宜开展总分馆体系

为保障公民平等地享受服务，《中华人民共和国公共图书馆法》结合国际惯例和我国公共图书馆发展的实践，要求以县级人民政府为主导，建立县域总分馆体系。总分馆体系不是图书馆间的松散结合，而是区域性的图书馆融合，其核心在于形成统一采购、统一编目、统一配送的图书馆服务体系，完善数字化、网络化服务体系，充分发挥图书馆资源与服务优势，以达到共建共享的目标。就本质而言，这是图书馆管理体制和运行机制的变革，我国公共图书馆总分馆体系的基本地域是县域，这是由我国地域、行政体制等现实因素决定的。应当注意的是，总分馆体系建设不是一个模板的照搬照抄，由于经济条件等客观因素的制约，需要走因地制宜、分类指导、可持续发展的道路。为保障公民平等地享受公共图书馆服务，需要进一步缩小地区之间、城乡之间的差距，做大做强县馆，逐步提升和充分发挥县级公共图书馆对乡镇、村图书馆的辐射作用，这也是普遍均等、惠及全民的公共图书馆体系能否建成的关键所在。

（2）为弱势群体提供专门服务

平等理念所提倡的公共图书馆服务，是一种阳光普照式服务，但是受限于一些主观因素或部分条件限制等客观因素，一些图书馆服务对未成年人、老年人、残障人士等弱势群体有一定的"门槛"，即使常规服务也显得遥不可及，例如适合于低幼儿童阅读的文献信息、老年人和残障人士所需的无障碍设施、阅读障碍者所需的辅助阅读设施。因此为保障所有人平等地享受图书馆服务，《中华人民共和国公共图书馆法》第三十四条重点强调服务向弱势群体倾斜。除了向所有人免费开放，公共图书馆为弱势群体提供专门的服务，包括但不限于以下措施：一是针对未成年人，应当在出台法律、制定政策、编制规划和布置工作时优先考虑儿童的利益和需求，公共图书馆应在馆舍布局、文献资源配备等方面对未成年人有所侧重，不得提供不适宜的文献信息，并对馆员提出针对性要求；二是针对老年人、残疾人等群体，引导具有较高水平的公共图书馆开设老年阅览区域、设立盲人阅览室，设置盲道、无障碍通道等设施，并加强盲文图书、有声读物等专用文献资源建设以及触屏读报系统和阅读辅助设备等设施建设，利用互联网技术开展线上远程服务，保障弱势群体平等地享受服务，体现图书馆的人文关怀。

（3）防范读者权利失衡的禁止性规定

公众平等地享受图书馆服务的前提，必须建立在"合法"的基础上。《中华人民共和国公共图书馆法》赋予公众可以自由平等地利用图书馆的权利，同时为防止读者权利失衡作出禁止性规定，以限制权利的行使，不能以妨碍他人、危害社会、破坏良俗为代价，其实质也是为了保障公民的基本文化权益。规定的对象包含公共图书馆和公众两个方面。

一方面，要求公共图书馆不得开展无关的商业经营活动，保障公众利用图书馆的资源和机会，不能从事与公共文化设施职能定位不符的市场经营活动，树立正确的服务理念。

另一方面，规定公众应当履行的义务，应当遵守公共图书馆的相关规定，自觉维护公共图书馆秩序，爱护公共图书馆的文献信息、设施设备，合法利用文献信息；借阅文献信息的，应当按照规定时限归还，保障他人的读者权益。此外，对实施破坏或扰乱行为并经劝阻不改的公众，公共图书馆可以拒绝为其提供服务，并约定公共图书馆拒绝提供服务的前提。《中华人民共和国公共图书馆法》为保障公众平等地利用图书馆划定权利的界限，厘清义务的范围，其实质是个人的"平等"不能以损害他人的"平等"为代价。

（二）"开放"理念

1. "开放"服务理念释义

"开放"与"封闭"相对，开放服务是公共图书馆的本质属性所在。作为一个全方位的概念，开放不单指图书馆的开门服务，更多地体现在公共图书馆各项服务开展的民主、宽松、和谐的程度；作为一个动态概念，也体现出图书馆作为生长着的有机体的发展和与时俱进。图书馆的开放服务充满着人性关怀，普遍开放理念以"实现和保障公民基本文化权利"为法理基础，也成为图书馆核心价值的首要条款。

在服务对象方面，公共图书馆秉承面向所有人开放的宗旨；在服务形式方面，以保障公民的基本文化权益为目标，灵活多样，不拘泥于特定的形式或活动；在服务时间方面，随着夜间经济的兴起，在文旅深度融合的背景下，作为重要的公共文化设施，公共图书馆在保障好区域内居民基本文化需求的基础上，不断延长开馆时长，丰富市民的"文化夜市"；在资源利用方面，公共图书馆以保障公众知识自由为宗旨，用户可以自由选择文献资源、自由阅读而不受干扰。普遍开放既是近现代图书馆形成的标志，也是公共图书馆作为公共文化空间的特征之一。

2. "开放"理念的践行

（1）"引进来"与"走出去"相结合的社会教育

公共图书馆承担着社会教育职能，需要采取"引进来"和"走出去"相结合的策略。"引进来"，即利用公共图书馆的品牌优势、资源优势、体系优势和空间优势，强化硬件设施建设，吸引公众到馆，通过提供多样化和个性化服务留住读者，支持正规和非正规教育，支持终身学习的开展，为良好学习环境的创设建立技术保障、服务保障和制度保障。"走出去"，即公共图书馆提高社会教育服务设计的水平，参考借鉴国外公共图书馆在阅读能力和兴趣培养方面的成功实践，以阅读推广活动、讲座等形式提升公众的文化素养，让图书馆服务融入生活，在建设"书香社会"和知识型社会中发挥作用。

（2）延伸传统服务内容和形式

在公共文化空间的概念中，"公共"表明"空间"的属性，"文化"则需要依托于"空间"这个载体。作为一种物理形态的场所，图书馆的建筑和设备要先进、方便、适用、美观，体现人文关怀；图书馆的环境要体现出宽松、开放、温馨、亲切，富含文化意蕴，充满人文气息；图书馆的资源要数量丰富、质量优良、结构合理、方便实用，营造人文氛围，全方位提升图书馆的吸引力。同时，图书馆应重视开展各种读者活动，利用图书馆的场地、设施，组织读者沙龙、论坛，设立读者共享空间，为公众提供自由交流空间；为读者开展培训，这种培训可以是图书馆利用技能的培训，还可以包括网络使用知识、专业生产技能方面的培训，为读者与馆员、读者与读者之间的交流提供平台；还可以借鉴国内外移动创客空间的成功案例和服务经验，开发重点创客项目，如2013年上海图书馆建立的全国首个公共图书馆创客空间"创·新空间"，建立五大功能区，将图书馆传统服务项目和 3D 打印、多媒体展示及培训活动融为一体，成为上海文化创意产业信息中心和中小企业公共服务示范平台的服务窗口。

（3）融合发展

融合发展是开放理念的重要体现。公共图书馆融合发展，要做到以下两点。

一方面，以公共图书馆、文化馆、博物馆、美术馆、乡镇社区文化站为代表的骨干性公共文化机构要打破行业部门壁垒，走优势合作、深度融合、协同发展的道路，各级各类机构聚焦共同的目标，发挥各自优势协同推进，实现功能和服务融合，提高综合服务效能，如开展全民艺术普及等活动，进而将图书馆先进的服务理念、服务实践向整个公共文化领域传播、辐射，放大图书馆的示范效应、扩大影响范围、彰显职业价值。

另一方面，深化文旅融合成为新时代"大文化"建设的重点任务，如何推动公共图书馆与旅游公共服务融合发展也成为高质量发展的重难点问题。公共图书馆要发挥信息整序和传播的专业优势，可以开展旅游推介服务，增强旅游信息服务的专业性；还可以以标志性文化设施串联旅游路径，或嵌入景区，以方便游客了解当地人文和自然知识。近些年来，图书馆助推研学游的融合模式已成为公共文化服务与旅游服务融合发展的强劲增长点，如何寓教于乐、增强吸引力也成为促进图书馆发展的新挑战。

（三）"共享"理念

1. "共享"服务理念释义

"共享"理念在图书馆领域并不陌生，作为现代图书馆事业发展的重要特征和图书馆发展的根本目的，图书馆要坚持社会效益第一，促进基本公共文化服务标准化、均等化发展，加快充分利用信息资源的步伐，突出发展的包容性和普惠性，全面享有、全民享有，保障公民基本文化权益。"共享"主要是指图书馆的文献资源共享。这也是由图书馆的公益性和文献资源的属性决定的，因为有别于其他物质产品，图书馆的文献资源不具有"排他性"，成为公共资源后不能只被某人占有、消费，可供公众消费享有。共享服务的目的是最大限度地满足公众的信息需求，这一理念也贯穿于图书馆的发展之中，是一个不断发展的运动过程。由于受经济条件、人才缺乏、技术和设备落后等客观因素的制约，图书馆间文献资源的数量与质量不尽相同，存在一定的差距。共享服务就是将图书馆个体的服务凝聚为图书馆整体的合作服务，发挥文献资源优势，打破地域和行业的限制，构建跨行业、互联互通、共建共享的服务体系，提升公共图书馆服务效能。简而言之，共建共享是公共图书馆服务兼顾效率与公平、社会效益和经济效益的现实举措。

"共享"一词也具有较强的中国特色，共享是中国特色社会主义的本质要求，是社会主义发展的根本目的。改革开放以来，党和政府围绕共享发展形成了一系列的重大战略思想，包括走共同富裕道路，促进人的全面发展，发展为了人民、发展依靠人民、发展成果由人民共享，加快推进以民生改善为重点的社会建设。公共图书馆的服务也应该秉承以人民为中心的理念，按照人人参与、人人尽力、人人享有的要求，促进人的全面发展。

2. "共享" 理念的践行

（1）加大公共图书馆特色文献资源建设

公共图书馆需要结合社会发展趋势和读者需求不断加大资源共享力度。要想共享公共图书馆的文献信息资源，首先要建立统一的共建共享管理组织，明确各自的任务和使命，打破图书馆事业条块分割的体制藩篱，以"大文化"发展的理念统筹本区域文献资源建设，把文献资源共享建设项目纳入发展规划，统一标准和技术规范，协作开展活动，逐步将合作范围拓展至全国的公共文化机构；其次，把握时代发展潮流和趋势，树立品牌意识，根据馆藏文献资源特色内容、规模建立相应的数据库，以标准化方式优化资源结构和内容，加强文献资源采购等的特色性和针对性。例如，可以有针对性地收集当地历史文化的特色文献，以特色文献的相关主题或衍生主题建立专题图书馆，也可以为当地经济社会发展服务。资源共享的要点在于特色化，明确重点、广泛征集、多多益善，并加强对同一地区各馆特色信息资源的整合，实现资源互补，力求成为当地独家地方文献信息机构，提升图书馆服务效能，彰显社会价值。

（2）构建图书馆区域联合机制

《中华人民共和国公共图书馆法》《图书馆服务宣言》都有提及公共图书馆开展与其他类型图书馆、其他机构之间联合服务以及国际交流的条款，要求加强馆际交流与合作，因此应建立馆际联盟与合作机制，通过各种形式的协作提高文献信息资源的利用率，积极参与信息资源共建共享联盟，降低全社会信息获取成本，实现图书馆数字资源的跨区域服务，拓宽公共图书馆的社会服务范围，弘扬中华优秀传统文化。跨区域的公共图书馆可以通过交流合作的方式弥补馆藏资源结构的不足。例如，河北省图书馆与天津市图书馆、首都图书馆三方合作，打造京津冀图书馆联盟，建立区域合作机制，以实现优秀展览资源互展共享、优秀人才资源共享、共同培养专业人员等为目标。此外，区域图书馆还应联合各自优势，合作开展阅读推广活动，深入社区开展社会教育活动，使现有资源为更广泛的读者群体提供帮助；同时充分利用图书馆空间为大众创业、万众创新提供支持，为大众提供学习交流与创意孵化的空间。

（3）拓展和深化"图书馆+"

"图书馆+"指的是图书馆服务与其他多种业态的融合发展。"图书馆+"既是图书馆服务创新的驱动力，也是图书馆服务外延的推动力，图书馆服务的覆盖面扩大和效能提升要求图书馆以开放、共享的姿态迎接社会文化生活组织、机构共同发展的创新业态。图书馆的服务不仅要在机构之间共享，以广泛分布的服务网点延伸服务触角，更要依托"人"的社会网络，依托公众的社交生活、人际交往，激发阅读热情，让每位走进图书馆或利用图书馆资源的用户都成为图书馆的"宣言书""宣传队""宣讲机"，在每位读者心中撒下阅读的种子。近些年来，社会力量地参与和社会资本的支持使得公共图书馆的建设和服务呈现出多样化的格局，为图书馆发展注入了新的活力，各地的创新实践案例不断涌现，图书馆服务已经"送进"书店、咖啡屋、酒店、文化企业公共办事大厅、社区服务中心等众多人流密集的场所，书香飘进城市的各个角落。"图书馆+"也是推动公共阅读设施快速布局、构建覆盖全社会的图书馆服务体系和共建共享的快速发展之路，也是让公共图书馆服务融入公众生活、提升服务效能的现实选择，体现了发展成果由人民共享的理念。同时，公共图书馆要注重倾听公众的声音，听取群众意见，真正实现全社会共建共享。

总之，公共图书馆服务原则和理念的认识与实践关系到公共图书馆工作的全局。《中华人民共和国公共图书馆法》以公权力的方式确立，对我国公共图书馆事业坚守什么发展原则和服务理念作出了明确指引，为在全社会建立起一个保障知识与信息公平获取的基本制度夯实了法律基础，有效地保障了公民的文化权益。天下之事，不难于立法，而难于法之必行，要在公共图书馆服务贯彻落实这一原则，以开放服务保障公民平等享受服务，让公民共享公共图书馆发展成果，确保立法目的、任务落地、落实、落细，方能彰显法律成效。

二、我国公共图书馆服务标准

(一) 公共图书馆服务标准的内涵

"公共图书馆服务标准，是指公共图书馆在藏书、组织、设备、经费与服务等方面应达到的目标及必须具备的条件，用以管理和指导公共图书馆服务行为的原则与规范"[①]，其制定的目的在于清楚明了地界定公共图书馆的社会责任，为图书馆提供绩效评估的指标框架，它是公共图书馆通过读者服务调研和宣传推广，了解读者获取文献信息的期望或要求，将有价值的信息转变为服务标准的全过程。一般经由公共图书馆专业人员根据图书馆设置的目标、图书馆服务要求对公共图书馆藏书、人员、经费、建筑、设备等项目所应达到的最低数作以明确说明与规定。公共图书馆的工作人员应按照服务标准为读者服务，使获取的文献信息充分发挥作用，从而最大限度地满足读者要求。

①王雪超. 我国公共图书馆服务标准发展脉络及趋势 [J]. 图书馆学刊，2012，34 (5)：73-76.

（二）公共图书馆服务标准的发展策略

1. 建立与时俱进的服务标准修订机制

一个标准的制定与执行不是一劳永逸的，而是一个循序渐进不断完善的过程。面对社会发展带来的新变化和新挑战，公共图书馆要积极应对，发现问题及时修正，这样才能真正发挥标准体系的保障作用。首先，建立与时俱进的修订机制，只有贴近现实的标准才会更有利于公共图书馆的执行并努力向标准的方向迈进。其次，影响标准修订的因素是多方面的，社会、技术、经济、图书馆事业每时每刻都发生着变化，与社会环境和用户期望以及未来的需求、预期的人口增长息息相关。

公共图书馆的使命之一是使人们能够在最大限度上获得人类的记录。因此，其服务标准的出版间隔越短越好，定期修订是发挥公共图书馆功能的重要保证，其连续性能很好地保证标准内容的新颖和及时，在第一时间准确地反映本地区的变化，根据变化做出调整，更好地指导现实，这也是一种思路的转换，使其实际的操作性更强。

2. 关注特殊群体，加强法律保障

残疾人由于受身体和精神等方面的制约，受到不同程度的文化限制。我国在制定服务标准的过程中，应大力推进相关制度建设，保证弱势群体享有平等、自由使用图书馆的权利。例如，在建设无障碍设施及空间面积的基础上，确保公共图书馆制度、资源和服务方面满足弱势群体的知识和文化需求。

3. 探索适合中国国情的服务标准体系

一方面，公共图书馆应尽可能为公民提供方便可及的服务，让读者以最短的距离到达图书馆；另一方面，在制定公共图书馆服务标准时需要适当考虑当地的服务人口和社会需求，结合我国的具体国情，吸取和利用他国科学的方法与经验，构建具有我国特色的服务标准。

此外，流动图书馆等服务形式将是提高公共图书馆整体服务水平的关键，是普及公共图书馆服务的主要形式，对于我国的农村和偏远地区更是意义重大。因此，公共图书馆服务标准应引入流动图书馆的内容，以规划各层次公共图书馆服务，真正将服务延伸到读者家中。

4. 制定创新型的全新服务标准

创新是发展公共图书馆事业的灵魂。公共图书馆服务标准的制定者应在工作中发挥自身的聪明才智，一切从读者的角度出发，提高读者的满意度。

第一，公共图书馆应将其服务标准作为一项制度来执行，并以此为基础制定考核标

准，规范图书馆工作人员的服务质量，以促进公共图书馆事业的长足发展，这是我国公共图书馆生存价值的重要体现。

第二，公共图书馆应有各自的特色，并渗入服务标准中，地方性是其根本特色。

第三，对传统服务标准体系、内容进行革命性扬弃的过程，就是在科学理论的指导下，解放思想、实事求是，形成新认识指导新实践的过程。对于公共图书馆来说，创新意味着调整、设计与发展服务标准。

总之，公共图书馆服务标准的创新应是多方位、多层次的，具有新颖性。相应部门应借鉴公共管理理论，竭尽全力，为认真贯彻落实《公共图书馆宣言》而奋斗，并从理论与实践两个方面对公共图书馆服务标准体系进行创新性探索，积累宝贵的经验和教训。

第二章　公共图书馆管理的职能分析

第一节　公共图书馆战略规划

一、公共图书馆战略规划的内涵阐释

"战略规划是系统化制定当今企业决策、获得未来最重要知识以及系统化执行组织决策所需的各种工作，并利用有效反馈对照原有预期测评决策成效的一种持续过程。"[1] 公共图书馆战略规划是面向未来，确定图书馆使命、愿景、目标、战略及其实施计划的思维过程与框架。它需要图书馆员工和管理者对未来进行战略思考，在多种竞争压力和可选方案中，只选择那些与图书馆和外部机会一致的战略方案，以及那些可以最大化利用资源并可以使图书馆更有效地实现未来目标的方案。因此，公共图书馆战略规划首先是一个战略决策过程，致力于何种规划、何时进行、如何进行、由谁负责、步骤是什么。

战略规划也是一种态度和工作方式。公共图书馆战略规划要通过某些合适的方式（如章程、手册或网站）公开向用户阐明图书馆的使命、愿景、目标和行动纲要，它实质上是向人们表明一种态度、承诺、工作重心和服务方式。这既有利于公共图书馆在未来行动中做到有章可循，也有利于公共图书馆就工作绩效接受广大用户的监督与评价。公共图书馆战略规划是图书馆管理者与广大员工及相关人员共同经过一段特定时间的创造性思维所形成的一整套计划，它涉及长期战略问题的决策、实现战略和完成工作的操作可能变化的预先计划、业务计划或预期的收支绩效目标等。战略规划还是一种分析工具，可系统识别图书馆未来存在的机会与威胁、优势与劣势，并利用相关数据为公共图书馆制定最佳决策提供依据。

二、公共图书馆战略规划的框架与流程

（一）公共图书馆战略规划的框架

公共图书馆战略规划框架因馆而异。公共图书馆战略规划框架至少包含以下五个部

---

[1] 付立宏，袁琳. 图书馆管理学［M］. 武汉：武汉大学出版社，2010.

分：愿景、使命、价值观、目标体系、战略。

1. 愿景

愿景是说明图书馆将来是什么的一种声明，即对图书馆蓝图的一种描述。愿景可以延伸图书馆的能力与形象，并指明图书馆未来的轮廓与方向。作为一种导向声明，愿景能够回答图书馆欲得到什么样的未来。

2. 使命

使命是描述图书馆目的、存在原因和希望去执行的活动的一种简洁声明。定义使命是图书馆进行战略规划的重要步骤，这种工作是基于图书馆愿景所确立的价值观和信仰，换句话说，图书馆使命声明直接遵循愿景声明，简要说明为实现愿景将要开展的工作。图书馆使命声明要回答三个主要问题：谁是图书馆的用户？图书馆提供哪些服务？图书馆如何开展这些活动？使命指导图书馆确立目标和建立实现这些目标的战略。不同图书馆的使命声明显然是不同的，这主要取决于客户的需求。

3. 价值观

价值观是个人或群体在与外部世界的相互作用中所信奉的原则、信念、标准等。在图书馆行业中，通常是用对他人的尊敬、诚实和正直、社会责任、对创新与卓越服务的承诺来陈述的。

4. 目标体系

目标是图书馆管理者在特定时间内达到某一具体绩效的承诺。目标与图书馆愿景和核心价值观密切相关，是显示图书馆业绩、承诺和重点的标尺。目标可分为总目标与分目标，由此构成图书馆目标体系。分目标必须对完成图书馆总目标具有实际意义。在设置目标的过程中，必须考虑以下问题：目标是否适合于图书馆？分目标是否有助于实现总目标？目标是否能指引图书馆保持正确的方向？目标是否能支持图书馆使命？目标是否能被大多数实施者所接受或理解？目标是否可测评和可完成？另外，图书馆还需要在目标体系中标注可利用的资源和评价分目标实现标准的指标。

5. 战略

战略是图书馆管理层所制订的策略计划，包括一系列的竞争性活动和业务方法的组合。它可细分为业务战略、职能战略、经营运作战略等。业务战略是指图书馆某项业务的策略规划，充分体现在公共图书馆管理者为实现某种业绩而制订的行动方案之中。业务战略的核心是如何提高图书馆业务能力与服务水平。职能战略是图书馆管理者为特定的职能活动、业务流程或重要业务部门所制订的策略规划。虽然职能战略涉及的范围比业务战略要窄，但是它可以为整体业务策略规划提供一些细节。它涉及的内容是为某项管理业务中的主要活动或过程编制策略规划，包括服务、营销、财务、人力资源等。经营运作战略关注的是一些范围更窄的战略行动和经营策略。例如，如何管理关键的经营运作单位（如参考咨询部、采编部），以及如何开展那些有战略重要性的任务（如资源采购与加工、用户服务）。虽然经营运作战略涉及的范围有限，但它能使职能战略和业务战略更详尽。经营运作战略一般由部门领导制定，由馆领导审批。

（二）公共图书馆战略规划的流程

公共图书馆战略规划流程需要描述图书馆的远景，识别其使命，设置其目标，确立各种实现这些目标的行动。简单地说，战略规划流程是一种把决策转化为政策、政策进一步转化行动的持续循环过程。它往往包括启动阶段、战略分析阶段、战略确认阶段、业务规划阶段、实施阶段、反馈与评价阶段。

1. 启动阶段

公共图书馆实施战略规划的三个前提条件是：一是要在整个图书馆通过战略规划流程，并要求图书馆员工忠于承诺；二是图书馆战略规划要适应或促进其直属组织或社会发展战略规划；三是图书馆主管部门（或人员）应该知道公共图书馆战略规划达成的决策、承诺和所做的努力，以使图书馆获取外部支持，减少各种阻力来获得最大的成功。一旦就引入战略规划问题取得一致意见后，图书馆管理者就可组建战略规划团队（或委员会）。战略规划团队应该包括图书馆员工和其他相关人员。

2. 战略分析阶段

战略分析阶段的主要任务是进行环境扫描和识别相关战略问题。环境扫描主要分为外部环境分析与内部环境分析。

公共图书馆可利用 PEST 分析法来进行外部环境扫描。PEST 分别对应于政治、经济、社会和技术因素，其中政治因素包括政府机构对信息服务的态度和信息政策；经济因素着眼于体制和总体经济条件、国内外趋势；社会因素包括形成当地文化的道德和价值观；技术因素是指开发那些有影响力的硬件与软件系统。

公共图书馆可结合 SWOT 矩阵和内部自我检查来进行内部环境扫描。利用 SWOT 矩阵，就是要求公共图书馆在调查研究的基础上，确定公共图书馆的内部优势因素（strengths）、内部劣势因素（weakness）、外部机会因素（opportunity）和外部威胁因素（threat），将它们按照矩阵形式排列起来，通过考察内外部因素的不同组配，进行全面系统的综合分析，从而帮助公共图书馆战略规划团队作出最优决策。自我检查始于识别那些指导公共图书馆服务目标的信仰、价值观和风气，也须对包括员工、服务、体制、资源、资源使用方法、资金、现有战略等因素进行分析，并利用公共图书馆物力和财力所能提供的愿景来协调使命声明设想的愿景。若存在巨大的差异，就必须寻找解决办法来降低期望或增加资源。

公共图书馆通过内外部环境扫描，往往可以发现如下关键战略问题：公共图书馆如何对拥有的或可存取的信息提供有效的集成访问？如何扩大公共图书馆对其所属机构或社会决策者的影响来更有效地实现公共图书馆使命？如何创建一种利用信息技术全面支持和提升公共图书馆目标的环境？如何建立一种组织氛围，它能促进公共图书馆员工履行对共同目标与价值观的承诺？应该寻求与建立什么样的合作关系来帮助公共图书馆实现目标？应该为谁提供哪些服务？由谁负责？如何安排员工以响应工作环境的变化？

3. 战略确认阶段

公共图书馆在完成环境扫描后，可以基于公共图书馆隶属机构或用户需求确定图书馆战略问题，这包括确立公共图书馆使命与愿景、价值观、目标体系。

确立公共图书馆使命与愿景常用两种方式：一种是自上而下，一种是自下而上。前者通常是由公共图书馆高层领导结合当前的实际情况，充分考虑未来的发展趋势，提出公共图书馆的未来发展总体设想或方向，并由公共图书馆相关部门的人员进一步细化这一设想，使之成为清晰而准确的文字描述；后者通常是在公共图书馆高层领导的指示下，由指定部门的员工提出有关公共图书馆使命与愿景的初稿，然后交全体员工讨论和征求意见，原指定部门的员工综合整理与提炼员工意见后，形成第二稿，再交公共图书馆领导审准。不管采取哪种方式，让员工广泛参与公共图书馆使命与愿景的制定工作是非常必要的。但在确定公共图书馆价值观时，最好采取自上而下的方式。

在设立目标体系时，公共图书馆可利用平衡计分卡把战略目标体系划分为财务目标、用户目标、业务流程目标、学习与增长目标。财务目标主要是保证公共图书馆获得足够的资金投入和稳定的投资；用户目标主要是扩大用户数量，使公共图书馆资源与服务能够得到最大限度的利用，并提高用户满意度、忠诚度，减少用户投诉率；业务流程目标主要是围绕公共图书馆服务链来进行，如引进或购买更多的国内外文献资源、开拓新的服务方式、提高服务水平；学习与增长目标主要是持续改进公共图书馆的业务流程并获得最佳绩效。

4. 业务规划阶段

基于前面的战略分析与战略选择，公共图书馆可以制订具体的业务计划，这包括资源建设计划、服务计划、财务计划、设备计划、人力资源开发计划、组织计划等，并对这些计划作出合理预算。

5. 实施阶段

战略规划的目的在于通过战略实施取得预期的目标绩效。因此，战略规划实施在整个战略规划流程中是很关键的工作。战略实施要求公共图书馆根据各项战略完成预先确定的各项工作任务。它实质上是公共图书馆员工冲破阻力、克服困难、解决问题的过程。

6. 反馈与评价阶段

在公共图书馆战略规划实施过程中，要经常获取来自用户和员工对目标及其实现行为的反馈。公共图书馆利用这些反馈，一方面可以及时发现战略规划中存在的不足，为完善战略规划提供参考；另一方面可以作为重要依据来评价战略规划及其目标的实施效果。

对于战略规划中的阶段性目标（如年度计划目标），应该在此阶段末期（而非结束整个战略规划时）启动评价活动。公共图书馆只有在完成现有战略规划绩效评估后，才能启动下一轮战略规划，否则很难保证公共图书馆战略规划的科学、合理与高效。

第二节　公共图书馆组织与领导

一、公共图书馆行政管理的组织结构

（一）行政管理组织结构设置的重要性

众所周知，组织作为一种社会现象，是一切社会管理活动赖以开展的基础。同样地，公共图书馆的行政管理组织也是公共图书馆开展本单位管理活动的基础。依靠行政管理组织，图书馆工作人员可以在本单位这个框架内进行交往互动，满足各种工作需求，实现公共图书馆业务的正常进行。公共图书馆行政管理组织是一种有着相对明确的边界、规范的秩序、权威层级、沟通系统及成员协调的集合体，这一集合体具有一定的结构性，其从事的活动往往与多种目标相关，其活动对公共图书馆工作人员、公共图书馆本身以及外部社会环境都产生了一定的影响。

具体来讲，公共图书馆的行政管理组织结构是指在图书馆中建立起来的各种部门或机构之间以及部门机构为依托的图书馆成员之间的权利和责任关系的结合方式，是表现图书馆各部分排列顺序、空间位置、聚集状态、联系方式以及各要素之间相互关系的一种模式。即按照本单位的工作性质对工作进行精确分工，然后在分工的基础上进行协作，以完成工作目标，包括设定工作岗位，将岗位组合成部门，确定达到什么样的要求，如何使不同层次的部门按时完成本单位的工作任务，最终实现本单位的目标，以达到预期的结果。公共图书馆建立行政管理组织结构是一件非常复杂且细致的管理工作，因为没有一个合适的行政管理组织，没有严密的分工与协作，是无法想象的。公共图书馆行政管理组织的工作目的是，通过建立一个适合本单位工作人员相互合作、发挥各自才能的良好环境，从而消除由于工作或职责方面的原因引起的各种冲突，使工作人员能够在自己的岗位上为实现本单位的目标做出应有的贡献。

（二）行政管理组织结构设置的原则

在现代化公共图书馆的行政管理中，合理的行政组织结构是顺利开展各项基础业务的客观要求，这就要求公共图书馆设置行政管理组织结构时应遵循以下几个原则。

1. 权责对等原则

公共图书馆行政管理职责是本组织成员在一定职位上应该担负的责任。而其职权则是为了担负责任应该具有的权力，组织中的每一个职位的任职者都应具有相应的权力并承担相应的责任。由于权力、责任和职位之间的相关性，因而人们往往把职位上的责任和权力简称为职权、职责。为了使行政管理人员完成其职责，又不滥用权力，要求其在设置组织结构时遵循权责对等原则。

2. 统一指挥原则

公共图书馆内部的部门和职位之间的地位并不平等，其具有层次结构，这就产生了上级如何指挥下级的问题。因此，在公共图书馆行政管理中要求贯彻统一指挥的原则，以避免多头领导和多头指挥。

3. 高效精干原则

公共图书馆的行政管理组织结构设置应把高效精干原则放在首要位置上，力求减少管理层次，精简管理机构和人员，充分发挥组织成员的积极性，提高管理效率，在保证行政管理职能的基础上，更好地实现本单位的工作目标。

4. 分工协作原则

公共图书馆的组织设计要确保组织内既有合理的分工，又要在分工的基础上保持必要的协作。由于组织机构之间的分工不能过细，以免出现机构增多、浪费人力资源以及部门之间责任不清和职能交叉等情况。所以应根据组织的具体情况从各项管理职能的业务性质出发，在行政管理的组织内部进行合理的分工，划清职责范围，提高管理的专业化程度，以达到提高工作效率的目的，并相互协作、相互配合。

（三）行政管理组织工作的内容

由于行政管理组织工作在公共图书馆管理工作中发挥着中枢作用，这决定了公共图书馆行政管理组织工作的多样性。这些具体的工作按照职能划分可以分为以下几项工作内容。

第一，人力资源管理。人是公共图书馆构成要素中的活跃因素，只有管理好人力资源，才能做好各项基本工作，发挥公共图书馆的信息资源优势。因此，人力资源管理是公共图书馆行政管理工作的核心，是行政管理工作的重中之重。

第二，财务管理。对以政府财政拨付为主要来源的资金和资产进行管理，保证公共图书馆运行的物质基础。

第三，对外事务管理。作为一个文化事业单位，公共图书馆在正常业务活动中要不断地与外界交流，这既包括举行各种文化活动、学术交流活动，还包括接待上级单位检查、参观兄弟馆等一系列外事活动，而这部分工作均需要由行政部门策划、接待和处理。

第四，规章制度的建立和完善。公共图书馆工作是一项兼具学术性、业务性、服务性的复杂劳动。为了更好地发挥公共图书馆的职能和完成相关工作，必须实行科学化管理。而实行科学化管理的关键就是建立健全公共图书馆的各项规章制度，这些制度应包括：馆内各个部门的工作职责；每个工作岗位的工作细则；各级管理者的权利与义务；各种会议制度；各种工作规范；考核、考勤制度；休假制度；奖惩制度等。这些制度是行之有效的管理工具，既有制约作用，也有激励作用，对规范员工的各种工作行为具有重要意义。

第五，内部事务的沟通、协调。公共图书馆行政管理组织工作中的一项重要内容就是"承上启下"地做好信息沟通工作。这里的"承上启下"指的是接受领导的指示、决策和命令后，将其传达给下级各个部门，并将下级部门对指示、决策和命令的反映和执行情况反馈给上级领导。

第六，读者接待服务工作。一般来说，接待读者并为其提供服务并不是行政管理部门的主要工作，但作为公共图书馆的重要组成的，行政管理部门要在工作中积极配合业务部门尽可能为读者提供服务，解决读者在接受服务的过程中遇到的问题。

第七，后勤管理。后勤工作虽然表面上看起来很简单，但其工作内容与公共图书馆职能的正常运转密不可分。后勤工作具有服务和保障特性，主要为公共图书馆提供各种服务和资源性保障，具体包括水电维护、设备维修、办公物品采购等一系列活动。这些活动为馆员和读者提供了便利，是行政管理工作中不可分割的一部分。

总之，行政管理组织工作艰巨繁杂又零散琐碎，其工作效果的好坏直接影响着公共图书馆工作能否正常运行。公共图书馆应该加强各项行政管理组织工作，以科学、合理的方法充分发挥行政管理工作的枢纽作用。

（四）行政管理组织结构模式及变革

1. 职能型组织结构

职能型组织结构是公共图书馆行政管理组织在自身的发展过程中形成的结构模式，这种结构是在馆长统一领导下，按照各项工作职能分工设置公共图书馆的若干部门，每个职能部门直接对其上级领导负责，并在其职能范围内对本部门的员工有指挥、协调、监督等控制权。

职能型组织结构的优点是：各级管理者分工明确，可以充分利用本部门的资源，有效地处理比较复杂的问题，对提高馆员的积极性、主动性和创造性具有良好的效果；同时，职能型结构还可以减轻上级领导的工作负担，使其能更好地处理重大问题。职能型组织结构的缺点是：容易造成多重领导，出现政出多门的现象，各部门容易从各自的利益出发，出现互相推诿的情况，进而影响统一指挥，增加了协调的困难。在这种情况下，就需要较高层次的领导在管理过程中关注大局，从公共图书馆的整体发展出发，避免出现各自为政的现象。

2. 公共图书馆组织结构变革

不可否认，职能部门化的组织结构曾经推动了公共图书馆事业的发展，既保证了馆长的统一指挥，又发挥了职能部门的专业管理作用，促进了公共图书馆人才的专业化发展。但是在新技术环境下的今天，社会对公共图书馆的需求呈现出多元化、专业化、综合化的发展趋势，传统的职能部门化的组织结构已不再适应公共图书馆的发展目标。当前，讨论最多的是扁平化的组织结构和矩阵式组织结构在公共图书馆中的应用以及公共图书馆组织的再造。

（1）扁平化的组织结构

所谓组织扁平化是指以管理信息的运行作为主轴和中心结构，缩减原来的管理层次，加宽中间管理幅度，扩展职能，允许内部组合多样化。扁平化组织结构的目的在于调动各层级管理人员、作业人员的主动性和创造性，使其对环境反应敏捷，使决策迅速。扁平化组织结构的特点是：组织结构层次少；信息获取、传递和运用都十分方便、快捷；中间层管理幅度大，可以进行信息传递；决策权向组织机构下层移动，扩大了员工共同参与组织工作的机会。

信息技术的应用实现了公共图书馆工作流程的自动化，它可以集成许多等级部门的功能，从而缩短了信息流转的周期。对于管理者而言，信息技术的应用，一方面在很大程度上提高了管理控制幅度，另一方面消减了中间管理层的决策作用。与此同时，金字塔式的等级制组织结构的弊端也日益显露。传统公共图书馆的等级管理结构将变得不仅无法使工作人员满意，还存在功能性障碍。公共图书馆应当寻求一种平衡机制，提出、宣传和实施各种任务，并努力提高个人的责任心，以实现组织战略目标。扁平化组织结构的产生，将提高公共图书馆对周围环境的反应能力与应对变化的效率。

（2）矩阵式组织结构

矩阵式组织结构是借用数学中的"矩阵"概念变革公共图书馆组织结构的一种方式。它是在直线式组织形式和直线职能式组织形式的垂直管理基础上，强化公共图书馆组织的横向领导关系，将纵向的指挥与横向的领导相结合，注重计划与目标的结合、部门与项目的结合，从而形成纵横交错的组织管理构架。可以说，矩阵式图书馆组织结构是由图书馆管理的两套系统组成的，一套是图书馆的职能管理系统，另一套是图书馆活动中各项任务之间的项目管理系统，它打破了图书馆组织中统一指挥的传统原则与方式，具有职权的平衡对等性。在新技术条件下公共图书馆的管理活动能够协调和平衡任务与部门之间的关系，适应公共图书馆组织目标和信息资源与服务活动的多重要求，是一种较为理想的公共图书馆组织结构形式。但是，这种公共图书馆组织结构形式若不注重职责权限的划分，容易引起管理上的混乱，形成多头领导的局面。矩阵式组织结构最大的特点在于具有双重命令系统，小组成员既要接受职能部门管理者的直接领导，又要服从临时项目小组负责人的指挥。

相对于传统的纯职能部门化的组织结构而言，矩阵式组织结构具有以下优点。

第一，各职能部门的设计更能适应新技术的发展变化，满足社会需求，体现以用户为中心的思想。在原有职能部门的基础上解决了一般组织形式横向关系脆弱的弊病，使新的职能部门能够将工作重点放在为用户提供优质的信息服务上。

第二，它有利于不同职能部门之间的协调和信息沟通，加强部门之间的横向联系。在临时项目小组中，不同部门的成员在完成项目的同时可以进行的全方位交流，集中各种专业的知识和技能，迅速完成任务，提高了管理组织的灵活性，加强了小组成员对各个部门的了解和配合。这样可以改变传统金字塔形公共图书馆组织结构中部门沟通闭塞的缺点，加强部门之间的联系与协作。

第三，它能较好地解决组织结构相对稳定和管理任务相对多变之间的矛盾。新技术的发展与应用也给公共图书馆带来了相当大的冲击，公共图书馆需要相对稳定的组织结构，以保证常规业务顺利有效地开展。临时项目小组的成立就有利于预防突发事件的发生。

当然，矩阵式组织结构也存在不足，纵向系统和横向系统同时存在，如果不注意职责权限上的划分，就容易引起指挥上的混乱，产生多头领导的局面。

3. 公共图书馆组织的再造

近年来,科技发展引发经济全球化浪潮,市场竞争日趋复杂,导致企业外部环境急剧变化,企业内部原有的以亚当·斯密"分工理论"为基础的部门结构和业务流程很难适应新变化。因此,强调应用现代科技,重新设计作业流程,以便对用以衡量企业绩效的关键指标如成本、质量、服务和速度做大幅度的改善。再生工程不同于一般改革,不是改组,也不是规模缩减等组织改革措施,而是从深层次开始进行的全新的再设计,即重新思考工作流程,将人力分配与业务流程彻底翻新。在机构改造中,以求对成本、品质服务和速度等影响绩效的重大因素做大幅度的革新,从而最终提高企业的整体竞争力。

再生工程是一种企业再造理论,从管理方面来看,图书馆行业也可以运用这一理论,结合实际工作进行组织的再造。从再生工程的理论来看,我们必须重新审视公共图书馆的作业流程,将大量的信息技术运用到作业流程中去,改变传统图书馆原有的层次结构与分工方式,正确处理图书馆技术服务与外包作业的关系,简化用户服务的相关流程等。以用户需求、流程为导向,建立以人为本的公共图书馆组织再造流程。

二、公共图书馆领导环境与领导者素质

(一) 公共图书馆领导环境

1. 公共图书馆领导环境概述

公共图书馆领导环境是制约和推动公共图书馆领导活动发展的各种自然要素和社会要素的总和。公共图书馆的领导活动应与公共图书馆领导环境相适应,只有这样,才能促进图书馆工作的顺利进行。具体包括以下几个方面。

一是制度环境。目前,我国公共图书馆的制度环境是社会主义制度下事业单位的模式,图书经费来源于国家财政的全额拨款,人员编制相对稳定。公共图书馆的组织构架采用馆长负责制这一传统的领导体制模式,领导学中称之为直线式结构,其优点是图书馆内部人员关系一目了然,馆长、部主任、馆员职责分明,工作效率较高。其缺点是人员流动率低,竞争机制较弱,公共图书馆员工长期从事同样的智力和体力劳动,易有倦怠情绪。公共图书馆收入稳定,晋升机制相对固定,导致员工缺乏多做工作的激情和动力。

二是人文环境。公共图书馆的人文环境是公共图书馆的人与文化、环境相互作用的结果,其状况直接影响公共图书馆工作的效率。好的公共图书馆人文环境包括重品位、讲格调、健康向上的人群构成的坦诚、默契、融洽的人际软环境以及建筑典雅、装饰清雅、书刊高雅组成的硬环境。

三是物质环境。公共图书馆领导者所能支配的物质资源的多少直接影响领导活动的效能。物质资源包括经费、人力资源的调配、员工的工资待遇等。高效的制度环境和良好的人文环境需要强大的物质条件作为后盾。

四是社会环境。公共图书馆领导的社会环境包括公共图书馆行业社会发展空间的大小和社会认知程度的高低以及社会整体文化水平的高低和管理实践的发展。从某种意义上讲，以上三个公共图书馆领导环境要素需要在社会环境的基础上对公共图书馆领导者和领导活动产生直接影响。

在以上四个领导环境要素中，社会环境要素是决定公共图书馆领导者和领导活动的首要因素，它决定着制度环境、人文环境和物质环境的具体表现。但这种决定意义并不是在其改变的第一时间得以体现，而是在社会环境要素变化发展到一定程度后才会在某一方面或几个方面得以改变。

2. 公共图书馆领导环境变化

一方面，由于在影响公共图书馆领导者和领导活动的四个环境要素中社会环境起着根本的决定性作用；另一方面，在国内外公共图书馆事业的实践过程中，研究者发现社会环境对公共图书馆管理实践的影响更为直观。因此，公共图书馆领导环境变化主要指社会环境变化。

公共图书馆领导者和领导活动正面临因环境变化而带来的巨大挑战。这包括：领导者群体由于职业理念发生变化而引发的任职危机以及外部管理环境对公共图书馆领导者寄予的厚望。新的网络化、全球化和知识化环境正是推动公共图书馆领导发生变化的大背景。

（二）公共图书馆领导者素质

1. 公共图书馆领导者素质的内涵

公共图书馆领导者素质是一个具有多变量的研究对象。因此，简单的理论分析和演绎并不能完整地呈现其现实性和多变性。另一方面，公共图书馆领导者的素质也会在不断的实践锻炼和针对性学习中得以提升和完善。对馆长影响比较重要的素质有90项，分为管理素质、领导素质、计划素质、关系处理能力、个人基本特征、个人领导特征和通用知识7个方面。

一是管理素质。管理素质有15项：①对服务具有强烈的责任心；②管理结果具有指导性；③有效地与馆员交流；④代表权威；⑤能够建立创造性的工作环境；⑥愿意作出决定性决策；⑦鼓励职工提高专业能力；⑧管理财务资源（或经费预算）；⑨处理经费增长和捐赠等关系；⑩建立更先进、更优化的流程和服务；⑪发展多种资金来源（捐赠、合同、收费服务等）；⑫能够面对不同类型的职工；⑬确保计划实施是必要和有效的；⑭建立小组工作流程；⑮解决冲突。

二是领导素质。领导素质有16项：①建立图书馆的共同愿景；②善于管理变革；③能够在政治环境中发挥作用；④在校园内建立图书馆形象；⑤积极倡导馆员在高等教育中的作用；⑥能够以创造性的方法解决问题；⑦在战略方向实施过程中能够影响舆论导向；⑧积极领导和参与银行社团工作并努力合作；⑨具有合作精神；⑩具有创业精神；⑪提出对大学有重要影响的问题，在合适机会组织更广泛的讨论和活动；⑫具有高效的网络工作能力；⑬保证图书馆集中精力完成任务；⑭改变图书馆的文化环境；⑮建立和发展与校园内外的小组或组织的合作关系；⑯建立共同决策的环境。

三是计划素质。在制订计划方面的素质有5项：①建立优先发展项目；②制订信息技术与服务的日常活动周期；③根据不同赞助者的需要制订反馈方案；④创建和实现读者对图书馆价值的评价系统；⑤创建培养馆员责任心的环境。

四是关系处理能力。关系处理能力方面的素质有14项：①可信任的（忠实、负责、始终如一）；②公正公平的；③自信的；④可理解的；⑤对人尊重的；⑥能够在团队中有效工作；⑦有良好的语言表达能力；⑧具有远见卓识的；⑨善于外交的；⑩思想开放的；⑪是一个好的听众；⑫能够协商的；⑬有幽默感的；⑭具有良好的人际关系。

五是个人基本特征。个人基本特征方面的素质有16项：①能够公正地进行一系列价值评估；②能够处理压力；③能够同时处理多种任务；④能够解决模糊性问题；⑤对工作和业务有责任心；⑥对个人优势和劣势有清醒的自我认识；⑦诚实的；⑧积极热心的；⑨有弹性的；⑩有智慧的；⑪善于分析和解决问题；⑫有多种工作经验；⑬具有激励能力，能够激发馆员潜能；⑭具有直觉能力；⑮有深厚的知识储备；⑯能够提出恰当的问题。

六是个人领导特征。领导方面的素质有16项：①具有转变馆员观念的能力；②具备良好的判断力；③能够指导图书馆发展方向；④能够鼓励互相信任；⑤勇于创新；⑥有敏捷的组织能力；⑦具有说服能力；⑧具备科学的冒险精神；⑨乐观；⑩能够积极听取他人意见；⑪热情；⑫敢于向下级授权；⑬善于从失败（错误）中学习；⑭具有积极主动性；⑮具有团队建设能力；⑯有责任解释决策。

七是通用知识领域。图书馆领导者应掌握的通用知识有8项：①有财政管理知识；②数字图书馆知识；③信息技术知识；④文献资源的管理与建设方面的知识；⑤管理学基础知识；⑥出版业相关知识；⑦情报理论；⑧教学理论。

在以上七大类图书馆领导素质中，有核心素质和一般素质之分，也有恒定素质和变化素质之分。在具体的图书馆领导素质确认和学习过程中，应该把握好轻重缓急、环境需求以及形势许可，使图书馆领导素质能够在具体管理工作中发挥应有的作用。

2. 公共图书馆领导者素质的关键

公共图书馆领导者只有具有远见卓识和先进的领导理念，才能营造出一个具有创造性的工作环境。这就要求公共图书馆领导者一方面要善于把控工作全局，调动和协调各方面的力量，依靠"团队"的力量加强对图书馆内部各项事务管理，谋求单位的更大发展；另一方面图书馆领导者要增强全局意识，将图书馆工作置于更广阔的环境之中，保持对外界各种情况的敏锐洞察力，及时获取馆外信息，抓住机遇，带领图书馆走向正确的工作轨道，更好地引领图书馆快速发展。

目前，我国的各类型图书馆绝大多数属于公益性事业单位，其内部设置也是一些专业性较强的技术岗位。与推向市场的企业相比，经济杠杆和人事杠杆在图书馆组织管理中的作用相对比较薄弱，这就对图书馆领导者提出了更高的要求。

在此背景下，公共图书馆领导者除了应具备以上七种领导素质之外，还应该具备坚定不移的核心价值观。价值观是领导行为的内在推动力，是决定领导期望、态度和行为的心理基础。核心价值观代表一系列的基本信念和人对周围事物的是非、善恶和重要性的评判。人们对各种事物在心中有轻重主次之分，这种轻重主次的排列和标准，构成了个人的价值体系。在同一客观条件下，不同价值观的领导必然会对事物有不同的看法，从而产生不同的行为和结果。无论是过去还是现在，出现了许多优秀的图书馆领军人物，他们为推动中国图书馆事业的发展倾注了自己的智慧和情感，竭心尽力。

在不断变化的公共图书馆生存环境中，公共图书馆领导者必须完善自己的价值体系，只有树立以事业至上、奉献为上、群体为高的，以人为本、科学、走在时代前列的核心价值观，闪烁智慧的灵光，不断磨炼自己的素质和品格，提升自己的领导能力，努力地从思想上、理念上和行为上与卓越的图书馆领导的价值观和行为准则接轨，领导者才会有事业的春天，我们的公共图书馆才会有灵魂、有精神，才会在竞争日益激烈的信息化社会赢得蓬勃生机和应有地位。

第三节　公共图书馆控制与评价

一、公共图书馆控制的含义及重要性

（一）公共图书馆控制的含义

公共图书馆控制是指在执行公共图书馆各项管理活动的过程中的行为监督和约束。每个公共图书馆都会有各种管理制度和管理方法，来确保组织内所有人员按照预定措施实现公共图书馆的方针目标。在控制体系中，管理者除了应制定公共图书馆的管理制度以确保各项政令的执行，还必须重视各层级执行信息的反馈、执行过程中数据的收集和整理分析，并依此作为有效控制公共图书馆的依据，这就是控制过程。

控制在公共图书馆的管理体制中占据核心地位，甚至比组织结构更加重要。如果缺乏科学合理的控制体系，组织结构的有效运行就无从谈起，要么控制过细，下一层级的单元缺乏效率和反应能力，缺乏激励机制；要么失去控制，下一层级的单元自行其是，偏离上一层级的战略意图，甚至挥霍公共图书馆来之不易的有限资源和转移利益，或者内部单元之间出现不必要的竞争。因此，控制在很大程度上是处理集权与分权的关系，在下一层级的权力、利益和责任之间找到一个平衡点，使下一层级单元既能够快速反应、自主创新，同时又能符合公共图书馆的总体目标，不损害其整体利益。

（二）公共图书馆控制的重要性

通过控制，既可检验各项工作是否按预定计划进行，以及计划是否正确、合理，又可调整行动或计划，使两者协调一致，从而确保公共图书馆有效运行。对于组织来讲，控制的重要性就是加大组织为实现预定目标而进行的管理过程的管控力度。

第一，防范风险。现代社会是一个充满激烈竞争的社会，公共图书馆更是面临着各种因服务、公共突发事件而引发的危机和挑战。对风险的管理是现代管理中最重要的一个方面。风险影响着公共图书馆生存和发展的能力，也影响着其在提供同类服务和产品的机构中的竞争力及在社会用户中的声誉和形象。因此，公共图书馆管理者必须密切注意各层级的风险以及可能会出现的危机，并加以控制，才能保证其健康发展。

第二，确保公共图书馆战略目标的实现。目标的设定是管理过程的一个重要组成部分，虽然它不是公共图书馆控制的组成要素，但却是公共图书馆控制的要件。不是控制某个事件或某种状况，而是控制公共图书馆运营服务过程中的其一部分，使其与运营服务过程结合在一起，发挥其应有的功能，并监督运营服务过程的持续进行，保证公共图书馆战略目标的实现。

第三，监督管理执行过程。公共图书馆的领导模式和管理体制一般都强调管理职能的执行，而对其效果以及执行人的职责权限却少有监督。在公共图书馆控制中，监督的职能得到加强，包括图书馆设置机构的权限、图书馆管理者的权限、图书馆员工的权限以及图书馆其他利益相关者的权限都应得到明确的界定和监督。

二、公共图书馆控制的主要内容

（一）文化控制

文化控制是利用企业的远景、共同的价值观和行为规范实施控制的主要手段，此种控制的权威与权力属于非正式的、内隐的控制方式，给成员的指示是整体的，而非特定的。其特点是组织上下具有一致的价值观和行为目标，员工对组织具有很高的忠诚度，文化控制强调的是一种非正式的、员工内生的自我控制。

1. 文化控制与文化建设的区别

文化控制依托于强大的组织文化，具有组织文化的导向、自律、凝聚、激励等一般功能。但文化控制与组织文化建设有着显而易见的区别。

一是实施主体不同。组织文化建设的主体是人，客体是组织文化；而文化控制的直接主体是组织文化，客体是人。可以说，实现文化控制是公共图书馆文化建设的意义所在。

二是功能不同。公共图书馆文化建设对内需要行使塑造组织愿景、凝聚群体共识、规范和激励员工行为等功能，对外则要传播和维护公共图书馆形象，提高公共图书馆的知名度。而文化控制更倾向于行使图书馆文化建设的对内功能。从这个角度看，公共图书馆文化建设涵盖的范围更广，功能更全面。

三是实施层面和实施目的不同。强大的公共图书馆文化具备以下两个特点：成员的一致性和这种一致性的力度。成员的一致性指员工对图书馆文化的认可程度；一致性的力度指员工贯彻图书馆文化的程度，主要通过员工的行为方式来体现。只有组织成员对某一问题或观念形成一致认识，并且这种一致认识能被充分重视和理解时，才能形成强大的文化。公共图书馆文化分为三个层面：表层的物质文化、中层的制度文化和深层的价值观念。表层的物质文化和中层的制度文化往往仅能反映组织成员的一致性，唯有统一的价值观念才能体现组织成员一致性的力度。现实情况是许多公共图书馆在建设组织文化的过程中过于追求一致性而忽略了一致性的力度，公共图书馆文化建设仅停留在表层的物质文化（如服装、口号）层面，仅能部分承担组织文化建设的对外功能，公共图书馆建设组织文化的目的还比较狭隘。而文化控制强调的是成员一致性的力度，力求用公共图书馆核心价值观实现员工的自我管理和控制。

四是实施方法不同。文化控制除了采用组织文化建设常用的宣传、培训沟通等方法，还会利用任命深刻认同组织文化的管理者来传播组织的核心价值观念。

2. 文化控制的方法

（1）通过资深馆员转移和传播图书馆文化

公共图书馆的资深馆员会对图书馆文化产生重要的影响。他们的言行会引导下属的行为。如果资深馆员言行一致，其所在团队的成员就会对"什么重要"形成一致的期望。当这个一致的期望受到奖励时，就形成了明确的准则。因此，公共图书馆可以在分馆成立之初或者发展过程中，大量外派资深馆员。这些外派馆员往往在总馆工作多年，已经接受了公共图书馆的价值观文化。

（2）对新馆员的文化要求和培养

由于文化控制强调组织传统的一贯性，因此文化控制更强调组织成员来源的相似性和可靠性。比如在选拔新馆员时倾向于选择与现有馆员相似背景的员工，以此降低文化方面的培训成本。

（3）跨文化培训

跨文化培训是为了加强馆员对不同文化传统的反应和适应能力，促进不同文化背景个体间的沟通与理解，促使馆员认同公共图书馆文化。跨文化培训的内容包括：对双方现有文化差异的认识、对图书馆文化的了解、馆员的文化敏感性训练、对跨文化沟通障碍及冲突的处理、跨地区环境的模拟等。通过对相关知识的学习，能够加强馆员对公共图书馆服务模式和现行决策的理解，促进他们认同图书馆文化。跨文化培训应采取多样化的培训形式，如专题讲座、座谈会、演讲比赛、各种文化仪式等，同时应将常规培训与环境潜移默化的影响相结合，将近期培训与远期培训相结合。

（4）加强交流与沟通

公共图书馆应多利用会议、培训、聚会等形式，为各部门提供相互交流的机会，或利用临时任务小组或永久性团队等增强各部门之间的了解。

（5）建立相应的组织和规章制度

文化控制的实施离不开正式控制手段的协助。制度化是创建"执行文化"，将文化理念转化为馆员自觉行为的关键。所谓制度化就是把公共图书馆倡导的价值观转化为具有可操作性的管理制度的过程。必须将价值观转化为相关制度。首先，公共图书馆价值观是创新管理制度的直接依据；其次，管理制度是审视价值观是否合理性尺度。价值观与管理制度是图书馆管理学1个问题的两个方面，价值观只有转化为管理制度才具有生命力，同时任何管理制度都是在某种具体价值观的指导下制定的，因而都有文化的蕴含。馆员首先接受、认同图书馆的制度，然后产生积极的情感，才能由积极的情感产生积极的行动，积极的行动使制度他律变为文化自律。如果馆员能够普遍认同管理制度，那么制度就会内化为图书馆文化。

（二）自我控制

1. 自我控制的内涵

自我控制假设员工愿意承担责任，愿意在工作中发挥自己的聪明才智和创造性；组织控制的对象是"人"，应"控制"的必须是行为的动机，而不应是行为本身。自我控制是目标管理的核心。目标管理的主旨是用"自我控制的管理"代替"压制性的管理"，使员工能够控制自身的行为，也就是说员工的自我控制能力的强弱是影响目标管理能否顺利推行的一个关键因素。

自我控制建立在麦格雷戈的 Y 理论①基础上，假设人愿意承担责任，愿意做出贡献，愿意有所成就，人们在执行任务的过程中能够自我指导和自我控制。组织中的成员通过共同制定目标来促使目标的实现，同时由于组织成员共同参与制定目标，可以实现自我控制。不可否认，Y 理论有一定的科学性。但人是复杂的，现实中符合 Y 理论假设的人，其愿意承担责任的程度是不同的，有的强一些，有的相对弱一些，也就意味着员工的自我控制能力有强弱之分。另一方面，对部分员工而言，经济人的假设仍然适用，他们希望尽可能地减少自己的工作和责任。这就是说，在目标管理过程中，依靠员工的自我控制存在一定的局限性。因此，组织在推行目标管理的过程中，要想实现既定目标，必须采取有效的措施以加强员工的自我控制。

2. 馆员自我控制的措施

（1）实现组织目标和个人目标的统一

馆员是实现公共图书馆发展目标的载体，同时他们也有自己要追求的目标。只有组织目标与个人目标达到完美契合时，才能在馆员的内心产生巨大的推动力和自我约束力。在实践中，有些公共图书馆确定的目标体系只是对组织任务目标的简单分解，而没有考虑馆员个人利益，因此只是传统的任务管理，不可能激发馆员的行为动力和自我约束力，馆员只会敷衍地完成任务而已。

（2）强化员工参与管理

自我控制一般会与目标管理紧密结合。目标的制定者同时也是目标的实现者，即由上下级共同制定目标。参与制定目标可以提高目标的可接受性，在某些情况下，其能产生更高的效益。公共图书馆实施参与管理，能够发挥员工的聪明才智，实现其自我价值，也是满足其受人尊重、信任的高层次需要。同时，参与制定目标的过程，可以使员工了解图书

---

①Y 理论与"X 理论"相对。将人性假设为喜爱工作、发自内心地愿意承担责任的理论。

馆的远景规划和发展目标，了解个人在此过程中的价值，了解组织目标实现对个人目标实现的意义，使员工产生强烈的使命感和责任感，加强个人与组织的一体化。

参与管理要加强引导，反复将图书馆当前的目标传达给员工，使员工具有明确的参与方向性。在实践中，要根据员工的文化程度和经验，采取不同的方式参与管理。对文化程度较低、经验不足的员工采取控制型参与管理。主要由其提出工作中的问题和局部建议，经过筛选后，由上级协助下属确定解决方案并组织实施。对文化程度较高，又有一定参与管理经验的员工采取授权型参与管理。主要是由其提出问题并制订具体实施方案，在得到上级认可后，获得相应的权力，组织其他员工共同完成方案内容。

（3）加强公共图书馆组织文化建设

组织文化是指组织在长期的生存和发展中所形成的，为本组织所特有的，且为组织多数成员共同遵循的价值标准、基本信念和行为规范的总和及其在组织活动中的反映，体现了组织及其成员的价值准则、行为规范、共同信念和凝聚力。其实质是以人为中心，以文化为引导，以激发组织成员的自觉行为。公共图书馆组织文化的构建，应使组织的使命、目标贯彻到员工工作中，使之形成组织共同的价值观、组织精神和行为方式。这种扎根于员工之中的组织精神和价值取向，能够从思想观念和心理上增强员工的共同理想和信念，激励、规范其自主行为。同时，要构建一种全馆上下关注目标实施情况的文化氛围，使公共图书馆各个层面都关心如何设定目标，采取什么策略达成目标，并积极参与到沟通、反馈、评价的过程中。

（4）加强馆员培训，提高馆员素质

根据控制的原因不同，控制可以分为间接控制和直接控制。间接控制是指在出现偏差后，通过分析偏差产生的原因，然后采取措施予以纠正。这种控制方式会造成较大损失，而且会增加控制成本。直接控制是指通过提高管理者及其下属的素质来进行控制工作，管理者及其下属的素质越高，出现的差错就越少，他们能觉察到可能存在的问题，并能及时采取纠正措施。对员工的培训，应从思想和技能两个方面展开。在思想上，加强对员工的职业道德、全局观念、协作意识的培训，可以增强其责任意识和整体意识，加强其对组织目标和个人目标关系的理解，了解个人目标的价值及其在整个组织中的位置和意义，从而激发员工的责任感。在技能上，开展相关的业务技能培训，提高员工的业务能力，减少他们出现偏差的概率。

（5）根据目标灵活授权

授权就是上级不仅给予下属明确的目标和责任而且会授予他们完成任务所需要的权限。实行授权，一方面便于下属根据目标要求自主决策、调配资源，利于实现目标。更关键的是，授权表明上级对下属的信任，下属会有被重视的感觉，可以使下属自觉承担自己的目标任务，积极地进行自我管理，从而顺利地实现各自的目标。

在授权工作中，要注意两个方面：一是授权应根据目标执行者的目标责任性质与范围来确定其权限的范围和程度；二是上级应给予下属充分的信任，支持、指导他们的工作，促使下属自主地行使权限，积极地进行自我管理。

（6）加强目标测评

为了控制自己的行为，员工不仅要知道自己的目标是什么，而且要根据目标衡量自己的业绩。因此，在实施自我控制的过程中，必须制定明晰、简单、合理且易于理解的目标衡量标准。根据标准对员工的目标执行情况进行测评，通过测评可以及时发现目标执行过程中存在的偏差，以促进目标的实现。

在实践中，应明确目标测评的目的不是将其作为奖惩的依据，而是通过核查员工的目标完成情况，发现不足并采取措施改进，以促进目标的实现。因此，在测评组织方式上应坚持以馆员自我评估为主，公共图书馆组织评估为辅。作为上级要鼓励并指导下属进行自我评估，及时将组织评估结果反馈给被评估者，并做好评估后的沟通工作。

在沟通过程中，应对达成目标的下属给予肯定和鼓励，对执行目标的过程中存在的问题，要同员工一起探讨原因并寻找解决办法。这样才能不断提高员工的能力，挖掘其潜力，发挥其积极性，促进目标的实现。

三、公共图书馆控制效率的提升

一方面，公共图书馆领导和员工要以预期达成的目标为依据进行自我控制，同时加强对完成任务的过程的控制来完成组织目标。另一方面，公共图书馆控制的内容和模式也发生了变化，单一的控制手段和内容不能保证其在日益激烈的知识信息服务行业里的优势地位。因此，公共图书馆需要从以下几个方面提升控制效率。

第一，公共图书馆的控制环境。加强和完善公共图书馆控制，首先应注意公共图书馆控制环境的建设。控制环境是指组织对建立、加强或削弱其制定的管理程序以及对其效率产生影响的各种因素。它是一种氛围，通过对控制体系的认识和理解，影响组织成员的控制意识，影响组织内部各成员实施控制的自觉性。控制不是处罚，而是预防，控制环境直接影响组织各项控制制度的贯彻和执行，以及组织业务目标及战略目标的实现。

第二，公共图书馆领导者的素质。公共图书馆领导者的素质在公共图书馆业务运营和管理中起绝对重要的作用。领导者的素质直接影响到公共图书馆的整体服务行为，进而影响公共图书馆控制的效率和效果。

第三，公共图书馆组织文化。公共图书馆组织文化是公共图书馆整体逐步形成的具有本馆特征的基本信念、价值观念、道德规范、规章制度、生活方式、人文环境以及与此相适应的公共图书馆管理方式和行为方式的总和。公共图书馆组织文化始终以一种不可抗拒的方式影响着公共图书馆的发展。它既可以促进公共图书馆的发展、阻止其衰败，也可以阻止公共图书馆陷入困境。

第四，组织结构与权责分派体系。构建组织结构的一个重要方面在于界定关键区域的权、责以及建立适当的沟通渠道和控制渠道。

第五，信息系统。良好的信息和沟通系统可以使公共图书馆及时掌握公共图书馆业务营运的状况和组织中发生的事情。一般而言，公共图书馆的信息系统包括财务信息系统和管理信息系统。公共图书馆的财务信息系统以会计为主，提供有关财务方面的信息，而管理信息系统提供非财务方面的信息，及时提供相关信息并加强对相关信息的控制管理。

第六，行为控制习惯。组织的控制体系是确保组织指令得以实现的保障，旨在确保组织健康。控制应涉及组织各个环节与各种职能部门。一般而言，控制体系包括三个要素：制度、程序和监控。制度规定应该做什么，程序规定怎么做，监控规定什么不能做。控制体系的重点是了解并分析组织关键点，对关键点行为进行控制。因此，公共图书馆在制定控制体系时，要寻找关键控制点。一般而言，公共图书馆关键控制点包括馆藏资源建设（利用率、成本收益）、馆员、服务能力等。

第七，内部监督。在公共图书馆控制的监督过程中，有两项职能发挥着重要作用。一是内部审计。内部审计的作用不仅在于监督公共图书馆的内部控制是否被执行，还应该帮助公共图书馆营造"软控制"环境。二是控制自我。目前控制的一个新趋势是实行"控制自我评估"，意指每个组织不定期或定期地对自己的内部控制系统进行评估，评估内部控制的有效性及其实施的效率效果，以期更好地达到控制的有效性。公共图书馆也应该逐步设计"控制自我评估"，目的是使馆员了解哪里存在缺陷以及可能产生的不良后果，然后及时反映情况或采取行动消除缺陷。

四、公共图书馆评价的含义及作用

（一）公共图书馆评价的基本含义

公共图书馆评价的基本含义是：根据图书馆价值观的目标函数，采用科学的方法来测量图书馆的功能属性及其转为主观和客观效用的行为。

通俗地讲，公共图书馆评价就是系统地、有步骤地测量、描述公共图书馆的工作过程与结果，据此判定是否达到了所期望的公共图书馆目标的过程。其实质就是测量、判断公共图书馆目标的实现程度。由此可看出公共图书馆评价的几个特征：评价工作是一个"过程"，是一个包含一系列步骤和方法的连续性活动；是一种以科学的理论和方法为指导的、系统的、正式的过程，这一过程的中心永远是对评价对象的价值判定。从历史发展过程来看，评价公共图书馆工作，有一个从封闭到开放、从片面到全面、从不完善到完善的逐步发展过程。

公共图书馆评价，可以分为宏观评价和微观评价两个方面。宏观评价是对一个国家、一个地区的公共图书馆工作的能力、水平、质量和社会效益的评价；微观评价主要是对具体的公共图书馆和具体的公共图书馆工作的评价。要根据不同的级别和不同的对象制定具体的评价标准。

宏观评价，其标准是公共图书馆事业管理的国家职能。其一，直接的宏观控制、管理和干预公共图书馆活动。其二，对微观公共图书馆活动的共同外部条件进行管理，为各种公共图书馆发展提供必要的外部保障。

微观评价，其标准主要是各个公共图书馆的办馆条件、服务水平、功能的发挥和满足读者需要的程度。

公共图书馆评价，既要考虑整体公共图书馆事业的宏观层次，充分发挥公共图书馆整体功能的社会效益，也不能忽视作为整体细胞的单个公共图书馆自身的微观评价，它也是影响整体的重要因素。

（二）公共图书馆评价的作用体现

第一，提高公共图书馆管理水平，促进公共图书馆整体工作的优化。现代公共图书馆科学管理的最本质特征是管理系统化。由于我们所开展的评价是在充分考虑公共图书馆系统内各环节、各层次之间的固有联系，根据公共图书馆的现状和现实工作目标的差距，区分现实各项工作目标的优化次序的基础上，对公共图书馆各项工作的综合评价。这种评价的结果能起到促进公共图书馆整体工作优化的作用，促使各级业务主管部门和各馆从系统化管理的角度来全面考虑如何改进和加强公共图书馆工作。

第二，有利于加强对公共图书馆学理论的研究。公共图书馆评价既是公共图书馆学的一门分支学科，又由其自身特点决定了它与公共图书馆工作的密不可分性。随着评估工作的开展，必将引起对公共图书馆学有关理论的讨论。例如，公共图书馆的战略目标、工作目的、系统功能、公共图书馆工作水平和效益指标、定量化研究等问题。这些讨论将促进公共图书馆学的理论研究工作，并使之与公共图书馆实际工作紧密联系起来。

第三，为实现公共图书馆立法创造一定的条件。通过评价了解公共图书馆现状，评判公共图书馆的工作水平，确定开展公共图书馆工作所需的基本条件，逐步明确公共图书馆的性质、目的、任务以及公共图书馆应达到的工作要求和发展速度。而这些内容也正是公共图书馆法所要确立的基本内容。随着评价的开展和深入，必将促进公共图书馆事业的制度化、科学化，为公共图书馆立法打下基础。

第三章 公共图书馆管理的内容范畴

第一节 公共图书馆知识管理

公共图书馆作为典型的社会公益性知识服务机构，担负着面向公众进行知识信息搜集、组织、传播与利用的社会责任。实施知识管理、更新管理理念和方式，可以为以知识为核心要素和主要驱动力的知识经济社会提供可利用的、有价值的知识资源，这已成为公共图书馆的发展趋势。

一、公共图书馆知识管理的内涵及特征

（一）公共图书馆知识管理的内涵

知识管理作为一种崭新的管理方式，是组织通过利用相关技术和方法对知识获取、创造、组织、转移和应用的过程进行系统化管理，以实现知识创新和知识增值的目标，从而来善组织绩效并保持组织持续竞争优势在这一过程中，知识创新和价值增值是终极目标，相关信息技术和方法是手段，知识是管理对象，人是核心。公共图书馆作为典型的人类知识聚集地，合理运用知识管理理念，将是其创新管理方式的一次重大突破。

公共图书馆知识管理是指公共图书馆通过运用现代信息技术和知识管理的相关思想与手段来合理配置、使用图书馆的各种资源，以充分满足社会各阶层读者不断变化的信息与知识需求，进而完善当代公共图书馆的各项职能并更好地发挥其作用。公共图书馆知识管理理念强调对显示知识和隐性知识的综合管理。其中，显性知识是指馆内各种纸质文献资源（期刊、报纸、参考工具书等）和数据库资源（知网、万方、维普等）；隐性知识是指馆员获取、分析、挖掘、利用信息资源的能力和经验，关乎对人的管理。可见，公共图书馆的知识管理将不仅仅是简单地对知识本身进行管理，而是将对知识本身的管理和对人的管理有机地结合起来，从而为读者提供更高质量的知识服务。

（二）公共图书馆知识管理的特征

公共图书馆知识管理作为知识管理的衍生理念，具备以下三个核心特征。

一是注重馆内人力资源的管理。人是实施知识管理的主体，扮演知识创造者和携带者的双重角色，注重对馆内人力资源的管理，是公共图书馆实施知识管理的一个重要方面。

二是追求知识创新的终极目标。对知识进行管理的目的是实现知识的升华，挖掘其潜在的价值，达到知识创新的目的。公共图书馆作为社会公众获取知识的宝库，实施知识管理的终极目标是实现知识创新，进而为公众提供更具价值的有用知识。

三是借助现代信息技术的支撑力量。以知识为核心生产要素是知识经济时代的典型特征，知识的重要性愈发凸显，而传统的知识管理工具已经不能适应知识经济时代获取、储存、组织和利用知识的需要。因此，公共图书馆要想对其拥有的知识资源进行有效的管理，必须借助现代信息技术的力量来提高馆员获取、存储、组织、检索、创造知识的效率。

二、公共图书馆实施知识管理的必要性

知识经济环境下，图书馆作为重要的知识存储、传播与服务场所，面临着来自各个方面的巨大压力和挑战。"图书馆应该改变传统的服务理念和服务方式，将知识管理充分融入图书馆的发展中，适应时代的需求，在激烈竞争中保持自己的优势和地位，为社会提供更好的服务。"①

第一，公共图书馆顺应知识经济时代的需要。在知识经济时代，知识会转化为重要的生产要素，一个组织的知识含量和知识创新能力将决定组织的兴衰成败。公共图书馆作为人类知识聚集地之一，拥有丰富的馆藏资源，是知识经济时代智力资源的所在地。公共图书馆只有对其馆藏资源进行有效的管理，才能及时、准确地为读者提供其所需要的有用知识。同时，公共图书馆也可以利用自身的技术、人才等优势对馆内知识资源进行一定程度的创新，实现知识增值，从而为读者提供有价值的增值知识。因此，知识经济时代的读者需求驱使公共图书馆对知识管理的实施作出抉择，从而为知识经济社会的发展提供强有力的智力支持。

第二，公共图书馆基本职能的要求。公共图书馆的基本职能包含贮藏人类文化遗产、开展社会继续教育、传达科技情报、开拓智力资源四个方面，这些职能的发挥都与知识紧密相连。其中，贮藏人类文化遗产的职能实质上是公共图书馆保存记录在各种载体上的知识；开展社会继续教育的职能是公共图书馆对自身所拥有的知识和信息进行传播和创新；开拓智力资源的职能是公共图书馆通过对馆内隐性知识的挖掘，以实现隐性知识显性化来供馆内成员学习。公共图书馆只有加强对知识的管理，其基本职能才能得到更好的发挥。

第三，公共图书馆提升自身总体实力的要求。公共图书馆的知识管理包括对显性知识

---

①李雄．公共图书馆知识管理模式与运行机制分析［J］．鄂州大学学报，2018，25（2）：56-57；67.

与隐性知识的综合管理。显性知识是指那些早已被编码化了的知识，是公共图书馆拥有的并融合到组织结构之中的知识。隐性知识是指馆内成员在日常的实践活动过程中逐渐探索出来的个人化的、未被分享的知识，具有很强的抽象性和个人化特点，难以甚至无法被固化在特定的载体上。为充分发挥公共图书馆知识资源丰富性优势，实施知识管理是其形成核心竞争力的关键。

三、公共图书馆实施知识管理的策略

（一）确立战略定位并拥有"保护神"

公共图书馆首先应清楚认知自身所拥有的知识资源以及所处的社会环境，确立实施知识管理的战略定位。战略定位是公共图书馆实施知识管理活动的指导纲领，是促进公共图书馆长远发展和提高其服务能力的总体目标。知识管理战略定位的确立也就相当于把知识管理的实施纳入了公共图书馆管理体系当中，此后调整配备相应的实施知识管理策略所需的资源，设计相关体制机制，开展相关知识服务活动，便变得名正言顺。

同时，新理念的实施必定面临诸多困难与阻力，因此知识管理工作的顺利开展还需有"保护神"[①] 给予有利的支持。"保护神"对实施知识管理的重视程度，将为公共图书馆知识管理阻力的排除和重要问题的解决提供支持。

（二）构建适宜实施知识管理的工作机制

工作机制对工作成效具有直接的影响作用，两者互为因果关系，工作性质的不同致使所需工作机制的不同，这是开展各项工作必须遵循的基本规律。因此，公共图书馆实施知识管理时必须建立与之相适应的工作机制。这些工作机制包括运行机制、激励机制等。

知识管理需要组织具备高效的运行机制。公共图书馆实施知识管理理念的终极目的是更及时、准确地满足读者的知识信息需求，这就需要馆内建立相应的高效运行机制来达成这一目的。激励机制是提高组织成员工作积极性的有效途径，公共图书馆实施知识管理需要馆内提供相应的激励机制，对于表现优异者给予精神或物质嘉奖，使其能够再接再厉。如果没有建立相应的激励机制，那么馆内知识管理从业者将缺乏发挥其能力的动力，即使有动力，也未必能够持续很长时间，最终对知识管理工作的成效造成影响。

（三）培养能够胜任知识管理工作的人才队伍

馆员是知识管理的主体，在实施知识管理的过程中能够开发利用、传播以及生产图书

---

①"保护神"是指能对馆内各类资源的配置和使用具有决定权的高层领导。

馆知识，对知识管理质量具有重大影响。公共图书馆要实现从传统的管理方式向知识管理方式的转变，拥有一批能够胜任知识管理工作的馆员队伍是必不可少的条件。

首先，馆内需要具有对知识管理工作的本质有深入理解的领头人。该领头人不仅要具备合理的知识结构，而且要具备知识管理业务流程设计、组织实施、质量管控等能力以及良好的团队管理能力，以保证馆内知识管理工作沿着正确的方向前进。

其次，知识管理工作的有效开展，仅仅拥有一个实施知识管理的领头人是远远不够的，还需要建立一支能够胜任知识管理工作的人才队伍。该团队成员均应具备从事知识管理工作所需要的相关能力。馆员将成为公共图书馆知识管理团队中的主力军，需实现从传统的公共图书馆馆员向知识管理从业者的转变，其素质的高低是影响公共图书馆知识管理水准的支配性要素。但大部分公共图书馆很难拥有现成的能够胜任知识管理工作的领头人和馆员队伍，在这种情况下，公共图书馆可以在馆内挑选对新事物吸收能力强、底子好、素质高、具备培养潜力的有志者，将其培养成能胜任馆内知识管理工作的知识管理团队成员或领头人。目前，我国图书馆管理相关专业毕业的大学生、研究生数量巨大，这使得公共图书馆在选聘高素质人才、培养具备相关知识管理能力的人才队伍方面具有了优质的前提条件。

（四）营造隐性知识共享的良好环境

隐性知识存在于组织成员的脑海中，其特点是难以用语言表达且不易被他人理解和掌握，将隐性知识显性化并转化为组织所共享的知识，是知识管理的重要目标。组织文化作为一种精神力量，对组织成员的行为活动发挥着潜在的指引作用，塑造一个能够促进学习、交流隐性知识的文化环境，对于诱发主体知识共享行为发挥着重要作用。同时，隐性知识显性化受主体知识共享意愿的制约，主体出于竞争对手的原因往往会对自身所拥有的隐性知识进行保护而不愿意进行知识共享，以防止丧失自身的独特价值。

因此，公共图书馆应制定相应的个人知识产权保护措施和激励机制，塑造出馆内成员进行知识共享的制度保障环境，让馆内成员感受到与他人共享知识不会对自身的发展造成威胁，相反，能够在贡献知识的过程中得到相应的尊重和回报。只有这样，才能使馆内隐性知识共享变成馆内成员的自发行为，从而实现公共图书馆知识管理隐性知识显性化、共享化的目标。此外，公共图书馆还应搭建隐性共享平台，从而为馆内成员进行知识交流、共享提供途径，如举办论坛、经验分享交流会等。

（五）运用信息技术搭建知识管理平台

知识管理以信息技术为手段对知识进行管理，公共图书馆运用信息技术搭建知识管理平台，不仅可以使公共图书馆知识资源有序化，还可以加强与馆外其他图书馆和用户的交流，从而建立双向沟通的渠道，进而提高公共图书馆知识管理的效率。因此，公共图书馆必须顺应知识经济时代的发展要求，塑造有利于实施知识管理的信息技术支持环境。具体包括：第一，搭建馆内进行知识共享、知识创新的网络平台。第二，建立馆内完整的知识管理网络系统。该系统集知识搜集、归类、交流、共享等环节于一体，以此来提高馆内知识管理的效率。

通过搭建公共图书馆知识管理平台，可以满足馆内员工以下三个方面的需要：一是进行在线学习和培训的需要；二是获取、存储、组织、检索、共享、创造知识的需要；三是解决知识管理过程中遇到的种种矛盾与问题的需要。

总之，公共图书馆作为人类知识资源的聚集地，公共图书馆知识管理的实践能够丰富公共图书馆的管理理论，优化管理工具，从而使公共图书馆的管理满足读者的需要，促进知识的交流与共享，发挥公共图书馆的核心价值作用。因此，公共图书馆应把握知识管理给其发展带来的新契机，聚焦知识管理的核心目标，将知识管理战略确确实实地运用到服务读者的过程中，为知识经济社会的发展做出更大的贡献。

第二节　公共图书馆危机管理

公共图书馆危机管理就是对公共图书馆运营中出现的危机因子和危机事件进行全程全面监控处理的管理理论与管理实践。从这个定义可以看出，公共图书馆危机管理是对公共图书馆危机事前、事中、事后进行全程全面监控处理的连续过程，它是一个系统工程，不等同于单一的危机处理，也不等同于危机公关。真正的公共图书馆危机管理包括危机管理的组织、制度、流程、策略、计划、决策等，涉及培养危机意识、组建职能部门、侦测并处理危机因子、建立危机预案和预警系统、处理危机事件、危机恢复、事后总结及学习改进等方面。

一、公共图书馆开展危机管理的必要性

公共图书馆作为社会信息服务机构，与社会发展的大环境密不可分，因此在其自身的发展过程中也必然会遇到各种各样的危机事件。将公共图书馆危机管理置于现代社会背景体系下进行分析，能够凸显出公共图书馆危机管理在社会发展体系中的重要作用。

公共图书馆作为一个开放的有机体，总是与周围的环境产生着物质、能量、信息的交流与联系，社会大环境的变化必然会对公共图书馆的发展产生重要影响，这是毫无疑问

的。比如，社会政治大环境、社会经济大环境、社会信息大环境等都将对公共图书馆的发展产生影响。反过来，公共图书馆作为社会大系统中的重要组成部分，虽然并不能直接对社会政治的变革和国民经济的增长做出贡献，但因为它具有向社会提供信息保障的功能，其生存和发展的状态也会对社会大系统产生影响。而存在于社会大环境中的公共图书馆，面对社会环境的变化而不断出现的不相适应性，以及公共图书馆自身矛盾运动而不断引发的各种问题，都有可能演变为各种危机事件，而且危机事件的出现频率在当下和未来还会越来越高。这样，公共图书馆能否对自身面对的危机进行管理，以及公共图书馆危机管理的有效程度如何，都将直接或间接地影响整个社会大系统的协调发展。产生这种现象的原因在于，随着社会的发展，公共图书馆面临的矛盾在不断增多。第一，供给与需求的矛盾，"供不应求"与"供而不求"并存。"供不应求"的矛盾表现为：①国家对图书馆事业的经费投入不能满足正常的资源购买需求；②公共图书馆提供的文献信息资源和馆舍空间资源不能满足用户的需求；③公共图书馆设置的数量不能满足社会的需求。而"供而不求"的矛盾则表现为：①部分图书馆鲜有人问津；②越来越多的用户转向网络获取信息资源，对图书馆的依赖度降低；③国民文字阅读率持续下降，网络阅读逐渐兴起。第二，滞后的管理理念、淡薄的服务意识与公民纳税人意识觉醒的矛盾。在这些复杂的矛盾中，中国的公共图书馆开始逐渐被推到了风口浪尖。

总之，在公共图书馆的发展过程中，必然面临诸多可预见和不可预见的，或来势迅猛或长期潜伏的危机，危机无处不在，只不过因危机性质及发展周期等的不同，其出现的频率或破坏程度有所区别。也就是说，公共图书馆现在面临的已不是有无危机，而是应该如何应对危机，过去那种"兵来将挡，水来土掩""头痛医头，脚痛医脚"式应对公共图书馆危机的方式，在今天复杂的社会环境下也早已经落伍了。只有采用科学的危机管理方法，才是预防和应对公共图书馆危机的最佳选择。

公共图书馆危机管理，一方面要求公共图书馆在面对各种灾害危机或突发公共危机时，有责任依据相关的法律文件采取科学的决策和行动，配合有关部门积极、稳妥地加以应对；另一方面，公共图书馆对自身原因可能引起的各种危机事件也要有预防和应对能力。《国家突发公共事件总体应急预案》中规定，企事业单位根据有关法律法规制定的应急预案是全国突发公共事件应急预案体系的组成部分之一，作为一个为公众提供文献信息服务的公共服务部门，公共图书馆也有义务加强安全管理工作，建立危机管理的有关制度，制定相应的应急预案，以有效地预防和应对各种危机，保护国家财产安全和读者生命安全。在国家应急预案体系的六个层次中，"企事业单位应急预案"确立了企事业单位是其内部发生的突发事件的责任主体，显然作为事业单位的公共图书馆，也必须建立危机应急预案，这是国家应急管理体系中的一环，也是公共图书馆危机管理的题中之意。

随着世界的复杂化、网络化、信息化、媒介化以及人们实践的广域化，出错的概率变得越来越大，影响变得越来越广，连锁反应变得越来越多，使得危机越来越不可避免。由此我们可以得出结论，危机频发的社会环境和公共图书馆自身存在的现实困境，要求我们必须强化公共图书馆危机意识，重视公共图书馆的危机管理。

二、公共图书馆危机管理的原则

公共图书馆危机的出现难以完全避免，只有对各种危机进行积极有效的管理，才能尽量减少危机对公共图书馆各方面所产生的负面影响。同时，公共图书馆危机又是多种多样、各具特点的，每种自然灾害事故和人为事故往往是由一系列不同的阶段组成的，每个阶段又都有自己不同的特点。因此，公共图书馆的危机管理要因事、因时、因势而异，千万不可千篇一律、墨守成规。然而，从总体上审视这些基本特点，公共图书馆应对危机仍然有一些普遍性、规律性的原则可以遵循。这些原则实际上就是公共图书馆危机管理的总体策略。公共图书馆危机管理与企业、政府危机管理存在共通之处，在建立危机管理机制的时候，可以对其他机构的危机管理经验进行适当借鉴；同时，公共图书馆危机又有其特殊的属性，与企业或政府的危机管理存在着不同的特质。因此，在制定公共图书馆危机管理原则时，除了要考虑公共图书馆与其他组织机构带有共性的方面，更要考虑符合公共图书馆实际情况的个性方面。以这一思路为出发点，我们将公共图书馆危机管理的原则归纳为以下七个方面。

（一）预防第一，意识为要

公共图书馆作为一种社会文化建制存在，其生存往往由社会制度来维持，体制的相对稳定性人们容易忽视使公共图书馆的各种潜伏的问题，导致问题日积月累形成危机隐患。公共图书馆应该在危机发生前做好防范工作，在危机诱因还没有演变成危机之前将其消除掉，而不是等到危机对公共图书馆组织形象、公共关系造成损害的时候再采取行动，这时公共图书馆所要付出的成本与代价已经不是预防危机就可以比拟的了。

要想有效防危机，就需要有"防患于未然"的危机意识，凡事预则立、不预则废。

（二）正视问题，积极主动

公共图书馆危机发生之前，我们要防微杜渐，做好危机防控工作，将有可能引发的危机消灭在萌芽状态；而当公共图书馆危机隐患转变为真正的危机，公共图书馆首先要做的事情就是采取积极的态度正视问题，这是公共图书馆危机管理的基本起点。巴顿在其著作《组织危机管理》中指出，除去重大的自然灾害外，很多组织并不会在危机发生的头几天对危机事件予以公布、报道，由于不作为或作为不积极，而使得危机形势恶化，对组织造成巨大影响。由于危机意识的缺失，有些公共图书馆即使危机临头，仍然试图在心理上和行动上拒绝面对现实。

因此当危机发生时，无论面对的是何种性质、何种类型、何种起因的危机事件，公共图书馆都应该正视问题，积极主动地予以处理，即使起因不在己方，也应该首先消除危机事件所造成的直接危害，从舆论上、心理上赢得社会公众的认同，为危机的妥善处理营造良好的氛围。

（三）及时果断，快速反应

当危机爆发时，除了要在态度上积极主动、正视问题外，在行动上，公共图书馆必须做到迅速有效，在短时间内对危机事件采取有力措施予以处理，任何延迟都有可能给公共图书馆带来更大的损失。这是由危机的突发性、紧迫性决定的。危机一旦爆发，危机潜伏期所积蓄的负能量就会在很短的时间内迅速地释放出来，公共图书馆一方面要面对强大的舆论压力，这包括媒体对危机事件的扩散效应、公众对危机信息了解的迫切愿望等；另一方面，公共图书馆又必须对危机事件间的传导效应进行及时的遏制，否则危机就会像投入湖水引起阵阵涟漪的石子一样，激发一系列的伴生事件，导致更大危机的产生。

因此在危机发生的第一时间，公共图书馆必须以最快的速度成立危机处理机构，调集接受过危机培训的专业人员，配备必要的危机处理设备或工具，以便迅速调查、分析危机产生的原因及其影响程度，了解危机事态的进展情况，进而全面实施危机处理计划。

（四）真诚沟通，信息一致

公共图书馆在遭遇危机的时候，应该尽快与媒体取得联系，及时回应媒体的报道，不能故意弄虚作假，遮遮掩掩。同时，公共图书馆面对危机所做的任何反应，必须保证前后所提供的信息一致，如果前后矛盾，媒体和公众对公共图书馆发布的信息就会产生疑虑，甚至不信任，最终导致社会对公共图书馆处理危机的诚意产生怀疑。

（五）注重后效，后续发展

公共图书馆在处理危机的时候要注重危机管理的后效。这包括两个方面的内容：一方面，公共图书馆既要着眼于当前危机事件本身的处理，又要考虑公共图书馆良好形象的树立和未来的长远发展，不能只关注眼前利益，而应从全面、整体、长远的角度进行处理。另一方面，在危机过后，公共图书馆应对危机的影响进行评估，总结危机处理的经验教训，从危机中认识公共图书馆自身管理系统的弊端和局限性，从而提升管理的科学性和规范性，努力从危机管理中取得多重效果和长期效益。

（六）标本兼治，系统管理

上述危机管理原则较多地侧重于对公共图书馆危机事件的应对和解决。实际上，危机管理不应仅仅包括对危机突发事件的处理，而是针对危机的潜伏情况及突发情形所开展的一系列活动，对危机形成、发展及消除过程中所涉及的一切因素进行管控。危机管理是一种系统的管理，不能将其单独与组织中其他重要的项目分开处理。危机管理必须与组织的形态、战略的规划、质量的保证、品牌的树立等一系列重要事情紧密联系起来，否则，危机管理就无法成功。因此，公共图书馆在开展危机管理工作时，需要从源头抓起，以尊重科学管理为前提，建立专业化、系统化的管理平台；以提高公共图书馆的管理水平为切入点，以增强公共图书馆的核心竞争力，从根本上达到预防和应对公共图书馆危机的真正目的。这需要建立一个集战略管理、人力资源管理、公共关系管理、品牌管理、公共图书馆组织文化管理等于一体的危机管理体系，将公共图书馆的危机管理工作作为一项系统工程来抓。

（七）协作互助，共赢共荣

公共图书馆有必要加强公共图书馆系统内部危机管理协作网络的建设，成立区域性甚至全国性的公共图书馆危机管理协作互助组织，整合行业的力量来共同防御、应对危机，减轻危机对公共图书馆人员、馆藏等造成的损害。同时，要对遭遇危机的公共图书馆施以援手，帮助其迅速解决危机。危机过后，要对危机管理的经验教训进行总结与分享，这对其他公共图书馆防控类似危机的发生，检查内部管理缺陷也具有十分重要的意义。在这一过程中，图书馆学会、学术团体、联盟机构等应该发挥自身的领导组织和协调作用，积极组织并参与互助活动，为公共图书馆危机管理合作的开展提供组织上的保障。

在公共图书馆外部，也应建立起公共图书馆与多元主体共同参与的危机管理协作网络。无论是发生在某个具体公共图书馆的危机事件，还是大规模地波及整个社会的恐怖袭击、疾病、自然灾害等威胁，除了公共图书馆要积极投入危机应对工作外，还需要来自公共图书馆外部其他组织机构的帮助，如交通运输部门、物资供应部门、电信管理部门、灾害处理专家等。要通过与这些机构和个人的密切协作来共同应对公共图书馆危机。

三、公共图书馆日常危机管理策略

"公共图书馆作为一种公共文化服务设施，是国家为满足人民群众对知识和信息的需求而免费提供的，它是国家与社会的重要文化机构和文献信息平台，其对促进中国公共文化服务体系建设、提高人们的精神文化素质和科学文化素质、保障社会和谐具有重要且现实的意义。"① 因此，在全球化发展进日益加快的背景下，我国的公共图书馆如何应对危机，从而保证其持续健康发展、更好地体现社会价值就具有十分重要的意义。

（一）日常危机的识别与防控

任何组织都会面临危机，但是由于组织性质和所处环境的不同，组织面临的危机又各不相同。组织进行危机管理时，首先要识别自身面临的危机类型，并确认这些危机的性质。如果组织不能准确地辨识可能面临的危机，就无法对可能发生的危机采取预防和控制措施，组织的日常危机管理工作就无从谈起，而且当危机真正发生时，组织的危机事件管理工作会十分被动。

对公共图书馆的危机进行识别是公共图书馆日常危机管理工作的起点。我们可以将公共图书馆内外部危机因素归纳为自然、社会系统的复杂性，公共图书馆组织行为的局限性，公共图书馆用户及潜在用户的需求和公共图书馆对竞争缺乏敏感性四个方面，这四个方面相互作用又会产生四种冲突状态，构成公共图书馆危机类型不同的表现形式。这是从公共图书馆行业角度出发，从总体上对公共图书馆的危机风险进行识别。对于不同类型、不同规模、不同地区的公共图书馆来说，有必要根据本馆的实际情况对本馆可能发生的危机进行更加深入且具体的确认。这方面的内容可以纳入公共图书馆危机管理的战略规划中，由公共图书馆的危机管理部门或由各部门人员组成的危机管理团队负责，通过对公共图书馆内外环境的分析、对过去馆内遭受的危机事件的评估、对业内专家进行咨询等途径来完成。

在对公共图书馆的危机进行识别之后，公共图书馆的下一步工作就是要决定采取什么样的措施预防和控制危机。危机的预防和控制有两个目的，一是从源头上避免危机的发生或减少危机发生的可能性，二是采取预防措施降低危机发生时可能造成的损失。公共图书馆面临的危机各种各样，无法用统一的方法预防和控制所有的危机，只能根据各种危机的不同情况采取相应的预防和控制措施。同时，在危机的预防和控制措施中还要有成本与效益分析，要采用成本效益分析结果中对公共图书馆最为有力的措施。当危机发生概率较大、危机可能造成的损失较严重或控制危机的成本超过其产生的收益时，公共图书馆最好采用回避危机的策略，即避免该种危机的发生，使危机发生的概率变为零。

例如，为了避免火灾对公共图书馆馆藏和人员造成威胁，公共图书馆可以制定严格的规章制度和工作程序，使公共图书馆远离容易引发起火事件的风险源和不利环境；而当危

---

① 蔡幸 . 中国公共图书馆危机管理对策探析［J］. 情感读本，2015（11）：33.

机风险无法回避，或者危机回避不能完全避免经济损失时，公共图书馆就要考虑采用危机转移的策略，将公共图书馆危机可能造成的损失由其他组织承担。又如，通过购买商业保险将公共图书馆自然灾害或人为事件中产生的损失由保险公司偿付。再如，为了减少火灾造成的损失，公共图书馆可以事先与所在地的消防单位和医疗卫生机构达成协议，要求这些机构在火灾发生时能够快速、有效地组织力量救援，将火灾风险对公共图书馆造成的损失控制在最小范围内。

（二）拟订危机管理计划

公共图书馆在识别本馆面临的危机之后，如果仅仅是就危机采取预防和控制措施远远不够的，还需要对危机发生时公共图书馆如何有效地应对危机作出设想和安排，即需要事先制订公共图书馆危机管理计划。

公共图书馆危机管理计划是描述公共图书馆危机阻止和准备过程，以及公共图书馆危机发生后危机应对和恢复措施的成文化文件。有效的公共图书馆危机管理计划能够在很大程度上降低危机发生概率以及确保危机发生后各方及时采取有效的行动。图书馆危机管理计划能够在整个危机管理过程中起到以下几方面的作用：①为人们提供一个工作框架，以便在其范围内进行危机管理的相关活动；②要求人们集中关注焦点并提前监测、预知潜在危机，从而在危机爆发前采取相关措施规避危机；③能提供整个危机管理的清晰程序，并能帮助人们明确其在危机管理中的角色和责任；④制订计划是图书馆关注目标、馆藏及员工职责的一个积极的证明，它展示了风险管理的灾害控制计划部分以及整体上的操作流程等。图书馆制订危机管理计划的目的是为图书馆工作人员从事危机管理活动时提供可以遵循的指南，在日常工作中尽可能规避危机，并在危机发生后迅速而有序地应付危机并恢复工作。

从内容上看，完善的危机管理计划一般由一些独立而相互关联的子计划组成。按照危机生命周期理论中事前、事中和事后三个阶段的划分，相应的危机管理子计划可以分为：危机阻止和准备计划、危机应对计划以及危机恢复计划，这些子计划要分别对危机防范、危机反应和危机恢复等工作的内容、方法、工作团队建设等给出具体的实施指导。同时，公共图书馆可以利用的危机处理设备、危机管理小组、馆内负责人的联系方法、馆外危机应对机构的通信方式等也是危机管理计划的重要组成部分。另外，危机管理计划还必须考虑有可能受到危机影响的所有方面，这些方面包括公共图书馆员工和读者在内的全体人员、各类型的馆藏文献和记录、公共图书馆建筑设施和设备等。因此，一个周密的公共图书馆危机管理计划需要具备以下要素：对公共图书馆危机管理和危机管理计划重要性的表述；对公共图书馆的危机风险进行分析；对公共图书馆认为是危机并可能引起危机计划实施的事件或情境进行清晰而明确的定义；明确公共图书馆的危机管理目标；确认危机处理过程中各环节的具体人选，明确人选的分工与各自职责，包括人员的电话、传真和手机号；危机事件中的应对程序，包括同消防、医疗、公安、运输等救援部门的联络方式；在危机中需要立即采取的步骤，如需要联系的人员和危机管理团队的集合地点；危机事件中需要接触的新闻媒体，包括平常建立了良好关系的媒体负责人的电话、传真等，以及公共图书馆新闻发言人名单等。

（三）危机培训与演习

为了加强公共图书馆的日常管理，提高公共图书馆工作人员的危机意识，公共图书馆有必要对员工进行危机培训。危机培训的意义在于让公共图书馆员工了解导致危机发生的因素以及这些因素是如何导致危机发生的，从而提高公共图书馆员工对危机风险源的警惕性，并减少危机发生的可能性。同时，通过对危机处理技能、程序和方法等的学习，有利于增强公共图书馆员工在危机中的反应能力，以减少危机对公共图书馆各方面造成的不利影响。

危机培训要针对公共图书馆全体工作人员展开，而不仅仅是针对危机管理团队的成员。在培训的内容上，首先要让全体员工了解危机管理的目的并学习危机管理的基本理论，树立危机管理的观念和意识，为危机管理实践工作打下基础。在具体操作层面则要明确每个工作人员在紧急情况下的职责和行动步骤。可以让各职能部门的人员在危机中承担与日常本职工作内容相近的职责，这样在危机处理中因为有丰富的工作经验而有利于提高反应能力。各个危机职责岗位应当配备至少一名工作人员接受培训。其次，要训练员工如何克服沟通障碍以及如何在危机的压力下进行有效的沟通，使员工掌握沟通技巧，从而保证危机发生时信息快速而准确地传递。再次，要通过培训让员工了解危机处理设备的操作方法和紧急情况下阻止危机影响进一步扩大的方法，例如使用消防工具扑灭火灾、打包水湿文献进行冷冻升华等。最后，要让员工清楚地知道危机发生后首先需要与哪些人员取得联系以及危机救援机构的联络方式等，这也是危机培训的重要内容。在培训方式上，公共图书馆可以综合运用专家授课、小组学习、案例分析、动手操作等培训形式，使公共图书馆全体员工在学习过程中加深对危机风险源以及危机管理的认识，掌握必要的危机处理方法和应对技能。

此外，危机演习也是一种有效的培训方式，这种方式往往通过对危机情景的真实模拟来使被培训者获得身临其境的心理状态和对危机的直观感受，可以让被培训者较好地理解危机发生和发展的全过程，减少对危机的恐惧感，熟练地掌握危机处理的基本技能和危机处理的有关知识。这样，当危机真正发生时，公共图书馆工作人员就可以快速采取相应的处理措施，节约危机反应的时间。演习过程也是培养公共图书馆员工合作精神与合作能力的过程，通过在演习中共同应对紧急状况，可以了解其他人员在危机管理中承担的不同职责与使命，熟悉各自的工作风格和方法，有利于危机管理中开展有效的合作。另外，演习的另一个重要目的是检验危机管理计划是否有效。通过将危机管理计划付诸实施来检查计划的可行性和计划中可能存在的不合理之处，从而调整与改进计划，使其更符合实际。

演习应该是针对危机发生发展整个情景的演习，包括某一类型的危机事件中可能涉及的所有因素，例如水灾事件中的安全自救知识、现场清理、打包受灾资料、干燥处理、资料移动情况的记录等，这些都是演习中需要进行模拟练习的环节和程序。考虑到进行整体性演习的时间、费用与精力耗费较大，不可能经常进行，公共图书馆可以以责任区为单位进行小组演练，如开架阅览室、电子阅览室、书库、对外宣传部门等，在各自的职责范围内开展局部的演练，待各部门掌握了相应的危机处理措施之后，再集中起来进行全馆的整体性演练，同样能够达到很好的效果。同时，演习过后的评估和经验分享也是十分重要的环节，在这一环节中，公共图书馆工作人员可以总结自己在演习过程中学到的新技能和新知识，并通过与其他工作人员的交流，加深对公共图书馆危机管理的理解和总结自身需要改进之处。

（四）建立危机预警系统

提前发现危机发生的征兆可以有效地预防危机。公共图书馆危机预警系统的建立有助于公共图书馆危机管理职能部门及时地收集与评判有关公共图书馆危机的各种信息，提前发出危机警报。所谓危机预警，就是公共图书馆采用定量与定性相结合的方法，对危机的诱因及危机的征兆进行事先的监测与评判，并由此发出危机警示的管理活动。危机预警系统一般由信息收集子系统、信息加工子系统、决策子系统和警报子系统构成。其工作原理是：通过收集有关危机风险源和危机征兆等信息，对这些信息进行整理及识别，剔除那些干扰信息和虚假信息，把各种不容易直接判断是否引发危机的信息转化成一些简单、直观、可以测量的信号或指标，同时确定危机预警标准，以便随时根据信号或指标的变动情况，向公共图书馆发出危机警报。

要在公共图书馆内部建立危机预警系统，有一系列的工作要做。首先需要分析危机环境，即通过汇集公共图书馆过去曾经经历过的危机和国内外同行或类似信息服务机构已经发生过的危机的资料，分析这些危机发生时的条件、成因及背景，并结合对近期社会环境因素变化所做的相关分析，从中判断是否有危机风险源和危机发生前的征兆。然后是邀请危机管理专家和公共图书馆工作人员一起参与评估，以确定危机征兆与危机发生的关联程度。然后还要根据评估结果确定危机监测的内容和指标，并确定危机预警的标准和临界点。在这些工作中，最关键的工作是建立危机预警的指标体系。

危机预警指标体系的建立要坚持连续性和稳定性的原则，即建立指标所需的信息是可以持续得到的，并且各种指标应当保持相对的稳定性，不能因为环境的不同而出现明显不同的解释；同时指标又要具有直观性和可测量性，即危机预警系统中的每一个指标的评测结果可以促使公共图书馆按照指标的内容和自身情况向避免危机的方向改进，而且通过计量指标可以将危机信息转化为能够量化的结果，例如将公共图书馆读者的问卷调查数据转化为读者对公共图书馆服务评价的满意度等。

在危机预警系统的搭建方面，需要组织有关专家来确定应该选择什么样的系统，采取哪些技术、设备、程序等，并对危机预警系统的性能作出评估，以便采取措施进行维护改进。

当系统投入使用后，还要为系统的操作和维护配备专门的人员，制定相应的规章制度，将信息收集、加工等作为程式化的工作内容固定下来，这是公共图书馆日常工作中对危机风险因素进行不间断监测的基本要求。公共图书馆可以指定专门的人员来负责收集与本馆相关的信息。信息收集的途径既要着眼于以报纸、电视、广播等为代表的大众媒体、互联网、读者意见反馈等外部渠道，又要重视公共图书馆自身的工作报告、统计数据等内部渠道。

最后还要将危机预警系统的原理和使用方法传授给接到危机警报的公共图书馆工作人员，使他们能够理解危机警报，并在收到危机警报时采取正确的应对措施，以便为公共图书馆危机事件的处理打下基础。

第三节　公共图书馆人力资源管理

随着信息产业的快速发展，公共图书馆内高新技术的广泛应用，步入了新的发展时期。这使得公共图书馆的服务理念、服务方式、资源结构都发生了较大的变化。为了适应这些变化，需要有较强的人力资源保障。"公共图书馆生存与发展的主体是人，人员素质决定着图书馆的服务水平。"[1]

公共图书馆人力资源管理的任务是确保公共图书馆在适当的时间获得适当的人员（包括数量、质量、层次和结构等），实现人力资源的最佳配置，使公共图书馆和馆员双方的需要都能得到满足。所以，人力资源管理部门作为公共图书馆行政管理的基础部门之一，承担着对馆内工作人员的规划和选拔、培训和开发、保留和激励、评价和考核工作。我们

---

①夏建华. 公共图书馆人力资源管理探讨［J］. 改革与开放，2013（21）：90-91.

知道，有效的人力资源管理有助于管理者成功地实施组织战略。公共图书馆的人力资源管理应以确认、发展、激励、评价和组织的目标一致的活动为着眼点，着重发挥馆员的创造力，构建良好的学习和工作环境，从而组建一支优秀的公共图书馆工作人员队伍。

一、公共图书馆人力资源管理的基础工作

（一）馆内人力资源的规划工作

人力资源规划的目的是保证实现单位的各种目标，并改善人力资源的配置，降低用人成本，同时谋求人力资源使用的平衡，谋求人力资源科学有效的开发。公共图书馆人力资源规划指的是为了达到本单位的战略目标与战术目标，根据馆内当前的人力资源状况，为了满足未来一段时间内组织的人力资源质量和数量方面的需要，而做出的引进、保持、提高、流出人力资源的工作安排。当然，在制定人力资源规划时要充分考虑公共图书馆内外环境的变化，注意公共图书馆的战略与馆员规划的衔接和必须以公共图书馆发展为前提。

公共图书馆工作人员按工作岗位划分，可分为行政管理人员、业务管理人员和后勤人员。其中，行政管理人员和业务管理人员是公共图书馆工作人员的主体。行政管理人员主要负责公共图书馆内部事务的管理和对外事务的沟通，而业务管理人员主要负责公共图书馆的各项特色业务，但无论是行政管理人员还是业务管理人员的工作内容、职位安排，都需要根据公共图书馆的战略计划进行特色发展设计，以满足公共图书馆的发展远景规划。因此，人力资源管理部门要根据馆内人事的需求，通过人事决策、工作设计和职位优化组合，加强特色馆员配置，制定相应的政策体系，及时发布人事信息，以便在不断变化的公共图书馆工作中有效地管理好本馆的人员，使公共图书馆最活跃的因素——馆员，最大限度地发挥作用。

（二）馆员的招聘

在公共图书馆人事管理中，聘用合适的人员尤为重要。一方面，保证聘用到优秀的组织成员能够胜任工作，做到人尽其职；另一方面，优秀的馆员能满足本单位的工作需求，从而使职得其人，促进公共图书馆的发展。因此，聘用是人力资源管理系统工作中的首要功能，是公共图书馆补充人员的主要渠道，也是获得最佳人选的好办法。通过有效规划招聘计划，有利于馆员队伍拥有更高的知识、技能和能力。

（三）馆员的培训与再教育

对公共图书馆来说，馆员培训开发具有十分显著的作用。公共图书馆是一个以提供信

息服务为主的组织机构，而当今社会又是一个信息社会，信息更新速度加快，加之信息技术的不断发展，计算机技术、多媒体技术、网络技术等被大量引入公共图书馆，使公共图书馆的资源结构、信息处理技术、服务项目和手段都发生了巨大变化。如何在这种信息高速发展、变化的时代保证公共图书馆的有序发展，是公共图书馆在发展过程中遇到的一个挑战，而馆员的再教育和培训开发是应对这一个挑战的关键因素。教育和培训的目的就是提高馆员的知识水平，通过补充和提高馆员的专业技能，帮助馆员发展相互沟通、配合的能力。因为，只有加快馆员的知识更新，不断提高馆员的专业素质和修养，才能使其与公共图书馆事业同步发展，并跟上信息时代的变化。同时，根据馆员的知识更新情况，考查他们的业务水平，继而对其进行评议，做到择优选拔。

（四）馆员职业生涯规划和设计

馆员在自己的职业生涯中，有安全性、挑战性和自我发展的需要。人力资源管理部门要善于把公共图书馆的工作目标与馆员个人的职业发展目标结合起来，关注馆员的职业愿望、职业价值、职业感知和对职业经历的有效反应，努力为他们确定一条可依循、可感知、充满成就感的职业发展道路。通过本单位的职业发展规划、晋升计划等达到保留和促进馆员自我发展的目的，以提高公共图书馆的业务水平。

二、公共图书馆馆员激励

公共图书馆行政管理的目的是充分利用馆内所拥有的资源，使公共图书馆处于高效运转的状态。公共图书馆所拥有的资源包括人、财、物和信息四大类，但人才是这四类资源中最重要的资源，其余三种资源都需要人来操作，才能发挥其功能。所以，公共图书馆人力资源管理要注重馆员激励措施的运用，提高馆员的工作热情。

这里可以将激励理解为创设满足馆员工作、生活的各种条件，用以激发馆员的积极性，使之产生实现公共图书馆工作目标的特定行为的过程。主要包括以下几种激励措施。

（一）物质激励

通过物质激励手段，即发放奖金、津贴、福利等调动馆员的工作积极性和主动性。但所采取的措施要公之于众，形成制度并稳定下来，在实践过程中要力求公平公正。

（二）精神激励

精神激励属于在较高层次上调动职工的工作积极性，较之物质激励，精神激励能在更大程度和更长时间里达到激励效果。精神激励主要有以下几种形式。

1. 目标激励

公共图书馆作为一个组织机构应有效宣传自己的长远目标、中期目标和近期目标，使馆员了解自己在实现目标的过程中所起的作用，使其认识到只有完成本单位的目标，才能实现个人事业的发展和待遇的改善，从而增强公共图书馆员的责任心和凝聚力。

2. 工作激励

在工作中，如果馆员自己感到被重视和具有足够的发挥空间，就会力求将自己的最大潜能发挥出来，以期表现出自己的才能，最终获得一种自我实现感。因此，公共图书馆人事管理人员要重视工作本身的激励作用，多为馆员创造发挥的空间。

3. 荣誉激励

荣誉是众人或单位对个体或群体的正面评价，可以满足个体的自尊需要，是激发个体奋力进取的重要手段。荣誉作为一种激励手段，不需要投入太多的资源和成本，且其激励效果较好，是人事管理中一个重要的管理手段。

（三）情感激励

情感激励指的是加强与馆员的感情沟通，尊重馆员，使馆员始终保持良好的情绪，以激发其工作热情。这会使馆员在良好的心态下拓宽思路，从而快速解决遇到的工作问题。可以看出，情感激励既具有动机激发功能，又具有创造良好的工作环境，加强管理者与馆员之间以及馆员之间的沟通与协调的作用，是情感激励的有效方式。

（四）发展性激励

发展性激励就是公共图书馆为馆员创造学习与成长的机会，包括设置挑战性的工作任务、提供更多的学习与培训的机会、安排合适的岗位、合理规划职业生涯等。其中，职业生涯发展体系通过为馆员构建职业开发与职业发展轨道，最大限度地开发个人的潜能并充分发挥其潜力，使之与馆员的职业需求相匹配、相协调、相融合，使公共图书馆的发展与馆员的需求相结合，最后满足馆员和公共图书馆的需要，获得双赢的结果。因此，职业生涯发展成为发展性激励的主要内容。

三、公共图书馆馆员的绩效考核

（一）绩效考核在公共图书馆人力资源管理中的含义及作用

馆员的绩效考核，一方面是公共图书馆对本单位工作人员完成工作的质量和数量进行的评价，即馆员是以什么样的态度完成了所分配的任务以及完成任务的程度如何；另一方面是对馆员的能力、性格、适应性等素质进行综合的评价。在公共图书馆人力资源管理中运用绩效考核，可以衡量和评估馆员某一时期的工作表现，协助他们在本单位更好地发展，是一种有效的人事管理手段，具有积极的作用。

第一，绩效考核可以为人事管理和其他管理工作提供客观依据。绩效考核可以根据馆员素质、成绩的全面鉴定和评价，了解和肯定馆员的能力和素质，考核结论可以为职务升降、调动培训、奖惩等提供重要的依据。

第二，作为人力资源管理的竞争和激励机制，绩效考核打破了人员维持现状、不求进取的心理状态，从而刺激了公共图书馆发展的活力，是建立和完善科学规范的人力资源管理制度不可或缺的手段。因为，绩效考核可以为馆员的工作行为提供测量标准，从而起到鼓励先进、鞭策后进的作用，使馆员保持饱满的工作热情，出色地完成工作任务。

第三，绩效考核为考核者和被考核者提供了一个正式沟通的渠道，使双方可以面对面地讨论考核结果，指出优缺点和需要改进的地方。考核者可以及时了解被考核者的实际工作状况及深层次原因，从而评估人力资源管理决策的效果，及时发现问题和不足，为改进人事管理决策提供依据。同时，被考核者也可以及时了解管理者的管理思路和计划，了解单位对自己的评价，有利于上下沟通，更积极地接受组织目标。

第四，绩效考核能把馆员的行为与公共图书馆的目标有机地结合在一起。通过把馆员的行为导向公共图书馆目标，能够使馆员的行为与公共图书馆的目标一致。因为，绩效考核实质上是一种行为规范方式，通过认可的、有助于目标达成的行为方式和行为标准，试图把馆员的行为导向公共图书馆期望的目标，并将行为结果与馆员在组织中的发展前景联系起来。另外，绩效考核还能通过承认和奖励馆员良好的绩效以激励其绩效"达标"，或者确认并改正存在的绩效问题，从而保证馆员的行为不偏离公共图书馆的目标。

（二）绩效考核的原则和内容

为了做好公共图书馆绩效考核工作，需要在实际工作中坚持以下原则。

1. 客观公正原则

绩效考核要以绩效这一事实为基点，考核的主要依据可以因馆员职位的不同而不同，但考核的指标要客观。也就是说，绩效考核绝不能主观臆断，无中生有或编造事实；考核的主要依据不能因人而不同；指标要准确具体，要具有针对性和可操作性，应反映具体职位的基本特点，便于衡量和考核。而且，指标要尽可能定量化，以增加考核的科学性和准确性，能够准确地评定和反映人员的实际工作绩效水平。不准确和不公正的考核往往会使馆员丧失对公共图书馆的信任，从而影响馆员的工作积极性。

2. 民主公开原则

考核工作要民主、公开和透明，应让馆员了解考核的目的和意义。也就是说，不搞"一言堂"，不搞暗箱操作，公开考核条件、考核范围、考核标准、考核程序、考核结果等事项，只有公开的评估才是公正的，才能得到公共图书馆全体馆员的认可。

3. 注重实绩原则

馆员的实绩指的是馆员的工作绩效，包括完成工作的数量和质量、对馆内建设的贡献等。它是馆员工作态度、工作作风、工作经验、工作技能和知识水平等方面的综合表现。注重实绩的考核有利于激励馆员认真履行工作职责；有利于馆员不断提高自身素质，以便更好地完成本职工作；有利于克服考核过程中可能产生的不当行为，为考核确定一个可量化的标准和工作指南，增加考核的准确性和可操作性，减少不当行为发生的可能性。

此外，在馆员绩效考核中要注意考核原则的一致性和可靠性，要适应各类型、各层次人员，具有可执行性。还应及时、有针对性地反馈考核结果，让馆员了解自身的优缺点，以便发挥长处和克服短处。

馆员的绩效考核的基本内容包括德、能、勤、绩四个方面。德、能、勤、绩是一个有机整体，德和能是业绩考核的基础，勤和绩则是工作过程和成果的具体表现。其中，绩是德、能、勤的综合体现，我们不可能抛开工作业绩来空谈馆员的思想品德、工作能力和工作态度。在对德的考核中，应当注重馆员的政治思想素质、道德素质和心理素质；在对能的考核中，应当突出馆员的能力素质；在对勤的考核中，应着重放在馆员勤奋敬业的精神上；而对绩的考核则应放在馆员的工作绩效上，包括完成工作的数量和质量、取得的经济效益和社会效益。

（三）绩效考核的程序和方法

公共图书馆绩效考核是一项细致的工作，必须遵循一定的程序进行。一般而言，绩效考核的程序可以分为横向程序和纵向程序两种。

横向程序是按照绩效考核工作先后顺序形成的过程进行的，主要环节包括：第一，准备阶段。获取馆内的支持，对馆员进行必要的宣传和动员；选择考核的时间、地点、方法和考核人；制定考核标准，避免主观随意性。第二，具体执行阶段。先由馆员在一定范围内进行述职，介绍自己在被考核阶段的工作情况，取得的工作成绩及存在的不足之处。然后由考核人进行民主评议，对馆员的工作绩效进行考证、测定和记录。最后，考核人根据已有的资料和对被考核人情况的了解，就评估的结果进行分析和评定，分析和评定考核记录与考核标准，从而获得考核结论，由考核人客观、公正、实事求是地填写考核表。第三，结果反馈。通常应告知被考核人考核结论，使被考核人了解本单位对其的看法和评价，从而发扬优点、克服缺点。同时，还要对考核中发现的问题采取及时的纠正措施。将考核结果与奖惩、晋升、培训、工资等人力资源管理环节结合起来，有针对性地修正下一阶段的工作计划和人力资源的发展规划。

纵向程序是按照馆内组织的层级进行的，一般先考核基层，然后考核中层，最后考核高层，形成自下而上的过程。第一，基层考核。由馆内各科室部门的考核人进行考核，考核内容既包括馆员的工作行为、工作绩效，也包括影响其行为的个人特征和品质。第二，中层考核。内容包括各科室部门负责人的工作行为与特性，也包括该部门总体的工作绩效。第三，高层考核。高层考核主要是对领导层的考核。由公共图书馆所隶属的上级机构来进行，内容主要包括公共图书馆目标的达成等内容。

在选择考核方法时应该考虑考核的目的和内容，考核人和被考核人及考核的次数、方法等。一般来说，可以同时采用多种考核方法，优势互补，保证考核的有效性。与晋升有关的考核往往采用叙述、评语、图表评等级、排序等方法；与发展有关的考核一般采用行为定向、关键事件法、叙述、评语等方法；与加薪有关的考核一般采用目标管理、工作标准、排序、强迫分配等方法。以下是几种有代表性的绩效考核方法。

（1）比较法

比较法是通过比较馆员之间工作绩效的方法来进行绩效考核。它用的排序形式包括：简单排序，由考核人依据工作绩效将馆员从最好到最差进行排序；配对比较法，考核人对每一个馆员进行比相互较，比较中得到好评最多的人员接受最高等级；强制分布法，考核人在每一个优胜档次上（比如"最好""一般""最差"）都分配一定比例的人员，强制性地把馆员确定为 A、B、C 级等。

（2）量表法

在量表中列出一系列成功绩效所必需的个人特征，每一特征都伴有一个评定分数。量表上用数目或描述性的同语指示不同的绩效水平。

（3）关键事件法

考核人将每位被考核人在工作中表现出来的良好行为或不良行为（或事故）记录下来，每隔一段时间根据记录的特殊事件讨论被考核人的工作绩效。

（4）目标管理法

目标管理是把公共图书馆的具体工作计划以指标的形式分解到每一个馆员的身上，以这些具体指标作为对馆员工作业绩的考核依据的一种考核方式。目标管理通过让每个馆员都为完成工作目标而努力去实现公共图书馆的要求。这主要包括两个方面的内容：一是与每一位馆员共同制定一套便于衡量的工作目标；二是定期讨论目标完成情况。

（5）平衡记分卡法

平衡记分卡是指采用一种衡量公共图书馆未来业绩的驱动因素来考核工作人员，其具有战略管理的功能。由于平衡记分卡与奖金、业务流程改进相联系，因而把公共图书馆战略与绩效管理结合在一起。它把目标设定为多个方面。每个战略目标都有一个或几个量化的指标，每个指标又都设有目标值，实现每个关键目标都要有一个行动方案。公共图书馆目标逐级向下分解，一直落实到每个馆员。可以对目标进行定期、经常性的回顾，然后根据不断变化的内外环境调整战略、目标、目标值或行动方案。

四、公共图书馆人力资源开发

人力资源开发是人力资源管理的核心内容。人力资源开发的本意是指对人的才能进行开发，在现代管理学中人力资源开发就是把人的智慧、知识、经验、技能、创造性、积极性当作一种资源加以发掘、培养、发展和利用，以提高人的才能和增强人的活力。公共图书馆人力资源开发就是通过对公共图书馆员进行有计划的人力资本投资，采取教育、培训等有效形式，充分挖掘公共图书馆员的智慧、知识、经验、技能和创造性，积极调动公共图书馆人力资源工作的积极性和潜在发展能力，目的在于促进公共图书馆员的发展，提高公共图书馆员的才能和增强其活力，以保证公共图书馆各项目标的实现。

（一）公共图书馆人力资源开发的意义

第一，人力资源开发是公共图书馆适应社会进步和技术发展的重要措施。社会的进步是推动公共图书馆事业发展的强大动力，而技术的发展又是公共图书馆增强生命力和获得长远发展的重要手段。公共图书馆员必须不断更新知识和技能。知识要通过学习和实践来获得，技能要通过在实践中勤学苦练来形成。因此，对公共图书馆人力资源的智力开发和职业技术开发、人力资源管理政策的开发以及使用性开发都成为公共图书馆人力资源管理和开发的主要内容，成为系统化的管理工程。

第二，人力资源开发可以提高公共图书馆工作人员的素质，改善公共图书馆服务的质量，提高公共图书馆工作的效率和社会效益。

第三，人力资源开发是公共图书馆获得竞争力的关键。目前社会上出现了越来越多提供与公共图书馆业务类似的服务的机构，同时网络的迅速发展和普及，使公共图书馆不再是人们获得所需信息的唯一途径。要保持并提高自身的地位，公共图书馆就必须重视开发人力资源，只有如此，才能获得长期发展的竞争力。

第四，人力资源开发是促进馆员发挥潜能的有效途径；通过培训等有效的继续教育方式，公共图书馆员的个性和特长得到进一步的发挥，馆员的个人发展得到管理层的理解和重视，使他们在工作中获得成就感，也能够在一定程度上改善公共图书馆的工作氛围，从而使公共图书馆和馆员自身实现"双赢"。

（二）公共图书馆人力资源开发的内容和方式

根据人力资源的特点以及现代人力资源开发理论，我们可以把开发活动划分为三个层次。

1. 培养性开发

公共图书馆人力资源培养性开发主要指以教育培训的方式来进行开发，它包括馆员知识的更新、技能的扩展、素质的提高。在新的网络环境和社会环境下，公共图书馆员应成为咨询专家、知识导航员，这是公共图书馆员专业性的体现。根据这种社会需求，应通过对公共图书馆员的继续教育与培训提高其工作技能和自身素质。例如，日本的终身教育审议会于1996年提交了《社会教育主事、学艺员及司书培养等的改善方案》，提出了对公共图书馆员进行培训的具体要求，其中包括情报服务的技术与动向，公共图书馆内著作权的处理，有关心理咨询与人际交流的研究，参考服务的实践，资料的收集、整理和保存的实践，各种媒体的操作，有关公共图书馆经营（管理）的研究等。我国学者对此也有不少精辟的见解。如有学者提出公共图书馆员的继续教育与培训内容应包括显在知识部分（图书情报专业知识和技能、学科知识背景、计算机以及网络相关技能、管理知识和沟通技巧）、组织文化部分（图书馆价值观、图书馆各种规程规章等）和隐含知识部分（经验、工作流程、与用户的关系等）。

公共图书馆员不仅要加强图书馆学、情报学等专业知识的培训，还要重视其他相关知识和技能的学习。一专多能的人才是公共图书馆持续发展的保证。公共图书馆员应进行的知识、技能培训为基本技能培训和工作能力培训。基本技能培训主要指为了满足信息时代用户的信息需求，掌握有关的计算机基本操作、网络基础知识、数据库管理、信息收集与处理、专业外语等方面的内容。而工作能力培训主要是提高公共图书馆员解决实际问题的能力，如怎样正确处理工作中的人际关系、如何设立有效的激励机制、如何分配公共图书馆中的各种资源等。公共图书馆人力资源开发的培训应实现制度化、规范化，对其内容也应有相对权威的规范。

2. 使用性开发

实际上，使用性开发是激励公共图书馆员的一种手段。其内容主要是重才为用、职务晋升。公共图书馆人力资源使用性开发的关键是用人。我们主张在充分考查公共图书馆员的专业、学历、特长、技能、发展方向和个性的基础上，为其提供更具挑战性的工作任务。公共图书馆员在工作实践过程中，将不断学习新的技能、积累新的经验、获取新的管理方法，这实际上也是对自身能力的一种挖掘与开发。公共图书馆在作出这样的工作设计时，不仅使本馆的人力资源得到充分利用，同时也使馆员得到了发展。此外，增加员工岗位轮换也不失为一种有效的开发方式。公共图书馆员如果长期在同一个岗位工作，容易满足现状而产生惰性，甚至对工作产生心理疲劳。通过岗位轮换，员工有更多的机会了解、熟悉并从事图书馆内一系列相关工作，拓宽自己的视野；同时也能使员工对工作产生新鲜感，增强学习新知识和掌握新技能的兴趣，从而更新自身的知识结构和成为一专多能的复合型人才，促进公共图书馆事业的不断发展。但目前一些公共图书馆考虑到岗位轮换会支付大量的培训费用，往往忽视馆员渴望新的工作任务和新的挑战的心理，未实行馆员在馆内的工作岗位轮换方案，导致工作效率低下。

3. 政策性开发

人力资源政策性开发是指通过制定符合人才成长规律和人力资源管理理论的一系列调整政策来变革管理体制，充分运用激励机制等手段，促进人才发挥自身的潜力。目前我国公共图书馆人力资源开发与管理的现状不容乐观，很多公共图书馆未形成相关的制度与政策，缺乏对人力资源开发管理的长期规划，对于馆员的开发和聘任等仍主要遵从上级部门的分配，随意性大，岗位设置与人员结构不合理，造成了一定程度的浪费。对于公共图书馆人力资源的政策性开发，管理者要做的是制定一套尊重馆员个人发展需要的规章制度，保障馆员的科学培训和合理使用。

第四节　公共图书馆财务管理

随着科技的发展、社会的进步，居民生活水平日益提高，公共图书馆作为全民阅读的阵地迎来了高速发展的机遇。"图书馆财务管理作为反映图书馆业务活动、提升服务水平、促进图书馆事业发展的重要工作，正面临着巨大的改革与创新要求。"[①]

一、公共图书馆财务管理概述

（一）公共图书馆财务管理的内涵

众所周知，在现今这个高度组织化了的社会，无论是从事社会管理的政府，还是从事

---

①陈燕. 公共图书馆财务管理工作难点与对策研究［J］. 会计师，2018（23）：36-37.

营利活动的企业，甚至一个家庭，都离不开人力、物力、资金等要素的支撑。当然，企业等以盈利为目的的机构组织中，追求利润最大化是其终极目标，它代表了企业等组织努力实现的最终结果。而公共图书馆作为一个为社会提供信息服务的非营利性公共组织，其业务活动的目的不是追求利润，而是为社会提供一种公益性服务，其所拥有的财务资源只是实现最终目的的手段，利润本身并不是公共图书馆的最终目标。但即使这样，公共图书馆的财务资源管理仍然是公共图书馆行政管理工作中的一项重要内容。如何加强公共图书馆资金的管理、扩大公共图书馆资金来源的渠道、严格控制各项费用的支出、合理安排资金计划，从而使公共图书馆资金预算计划顺利完成，是保证公共图书馆正常运行的物质基础。

因此，所谓公共图书馆的财务管理就是在日常管理中遵循资金运转的客观规律，对公共图书馆的财务活动及其所体现的财务关系进行有效的管理。这里的财务管理活动包括资金的筹措和分配、制订财务计划和预算、设立专门的财务管理组织、实施财务计划和预算、进行财务监督的全过程。其目标就是控制公共图书馆的经济活动，提高经费使用的经济效益，维持公共图书馆良好的财务状况，为公共图书馆基础服务工作提供物质保证。

此外，在进行财务管理的过程中，公共图书馆作为非营利的公共服务组织，要严格遵守财务管理的原则。

第一，实行依法管理。对于公共图书馆的财务管理要依照国家法律法规、公共图书馆章程和财务管理制度的规定进行，公共图书馆的财务活动只有在这些制度范围内进行，才能保证有限资金得到合理的利用。

第二，实行计划管理。由于国家财政对公共图书馆资金的投入量并不能与公共图书馆的实际发展相符，因此财务管理工作要有计划地进行，预测影响公共图书馆活动的各种情况，对预测结果进行分析后作出决策，并用财务预算的方式表示出来，以提高预见性。

第三，实行统分结合式的管理。公共图书馆的财务管理应该实行统一领导与分级管理相结合的方式，即财务管理由公共图书馆的领导者负责，设置单独的财务管理机构和相应的人员对财物进行集中管理。在财务管理过程中要根据公共图书馆的发展需要合理安排各部门的资金使用情况，留足用于重点项目和基础建设的资金，并接受馆员的监督。

（二）公共图书馆财务管理的目标、任务和原则

公共图书馆财务管理的目标、任务和原则是公共图书馆财务管理理论的基石，它决定着公共图书馆财务管理的方向、内容和方法。

1. 公共图书馆财务管理的目标

公共图书馆财务管理的目标是公共图书馆财务活动所希望实现的结果，是评价公共图

书馆理财活动质量的基本标准，是公共图书馆财务实践、财务决策的出发点和归宿，也是公共图书馆财务管理的行为导向，公共图书馆的一切财务活动都是围绕这个目标进行的。

公共图书馆财务管理的目标是努力增收节支，合理安排支出结构，严格控制经费支出，提高资金使用效果，充分利用有限的资金。

2. 公共图书馆财务管理的任务

公共图书馆财务管理的任务是依法筹集并合理有效地使用资金，对公共图书馆的各项财务活动实施有效的综合管理。具体包括：①加强公共图书馆预算管理，保证各项事业计划和工作任务的完成；②加强收支管理，提高资金使用效率；③加强资产管理，防止国有资产流失；④建立健全财务制度，实现公共图书馆财务管理的规范化和法治化；⑤按规定及时编报决算，如实反映公共图书馆财务状况；⑥加强财务分析与财务监督，保证公共图书馆各项活动的合理性与合法性。

3. 公共图书馆财务管理的原则

公共图书馆财务管理的原则是公共图书馆财务管理工作中应遵循的基本规范。它们来源于财务管理工作实践，是在公共图书馆理财实践过程中抽象出来的并且在实践中证明是正确的行为规范，是对公共图书馆财务管理工作提出的基本要求，也是评价公共图书馆财务管理工作质量的标准。它们反映着公共图书馆理财活动的内在要求，对于规范各类公共图书馆的理财活动，防止各公共图书馆自行其是，确保公共图书馆财务管理工作的质量，实现公共图书馆财务管理的目标，都具有重要的意义。公共图书馆财务管理原则一般包括以下几条：①依法理财原则；②勤俭节约原则；③量入为出原则；④效益原则；⑤正确处理国家、公共图书馆和个人三者之间的利益关系原则；⑥责任性原则。

二、公共图书馆财务管理的内容

（一）运转资金的筹措

公共图书馆作为非营利性的公益服务组织，其运转资金主要来自政府投资。致使公共图书馆的运转资金来源单一，极大地影响了公共图书馆的信息服务质量。如何在现有情况下拓宽公共图书馆运转资金的来源渠道又能保持公共图书馆作为非营利组织的公益性，这就要求在公共图书馆发展中扮演着重要角色的财务管理发挥其应有作用，为公共图书馆开辟新的资金筹措途径。

第一，继续加强政府对公共图书馆工作的重视，加大政府对公共图书馆的投资力度。公共图书馆的资金运转来自政府投资，这一点是毋庸置疑的。单纯依靠公共图书馆自身的收入维持公共图书馆的运行并不可行，也会失去公共图书馆公益性的本质。这就需要不断地强化政府对公共图书馆作用的重视，使政府认识到公共图书馆在现代文化生活中的作用和价值。要做到这一点，就需要公共图书馆人不断发展和创新公共图书馆的各项专业信息服务，使更多的公众认识公共图书馆，了解公共图书馆，利用公共图书馆，让公共图书馆成为信息社会不可缺少的信息助手。

第二，利用公共图书馆自身优势扩大资金来源。一方面，公共图书馆是信息资源汇集的场所。近些年，从事公共图书馆管理工作的人员素质在大幅提高，硕士、博士等专业型人才也在大批涌入图书信息领域，使公共图书馆利用自身的信息优势开挖深层次的信息服务成为可能。当前的科技查新、专题信息跟踪服务等有偿服务工作已经成为公共图书馆服务的亮点，这些项目不仅扩大了公共图书馆的服务领域，也为公共图书馆开辟了新的资金来源。另一方面，公共图书馆是文化教育的宣传场所，增加公共图书馆文化服务领域的活动也能带来一定的经济效益。这些活动主要有：信息培训服务，如各种数据库的使用等；文化娱乐活动，如美术、摄影展览等；与公共图书馆有关的经济活动，如图书展销、珍藏版图书中介等。以上这些活动的举行既不与公共图书馆作为公益服务性组织冲突，还能为公共图书馆创造经济收益，可谓一举两得。

第三，加大公共图书馆宣传力度，吸收各方捐赠。由于公共图书馆是政府投资的公益性组织，因此一直以来，多数公共图书馆都是静候读者上门，然后再向其提供相应的服务。因此，社会各界和普通公众对公共图书馆的认识模糊，利用率也较低。这种宣传力度的欠缺和服务方式的懈怠造成公共图书馆物质资助的一个重要来源——捐赠受到严重影响，常常是时有时无。其实，捐赠一直以来就是公共图书馆获得物质资助的一种方式，主要以捐赠图书、期刊为主，资金性质的捐赠并不是主要形式。目前来看，公共图书馆的捐赠者大概有三种类型，即个人、公司、基金会。公共图书馆如果想吸收各方的捐赠，就要有计划和有目的地向这几种类型的捐赠者进行自我宣传，宣传方式可以灵活多样，但态度要真诚，对所吸收的捐赠的管理要公开、透明。

（二）财务预算管理

由于资金的有限性和支出需求的无限性，在分配公共图书馆资金的过程中要在可能的支出目标之间进行选择，找出优先的支出重点，这对本单位的资金分配具有重要意义。因此，财务预算管理在公共图书馆财务管理中是一项重要工作内容。所谓财务预算管理指的就是公共图书馆在一定时期内取得及使用资金的计划。通过对预算资金的筹措、分配、使用所进行的计划、领导、组织、控制、协调、监督等活动，其目的是完成预算收支任务，提高资金的使用效率，控制财务风险损失。

公共图书馆的财务预算是一种权力规制管理，体现了以政府为主要出资者的管理者对资金获得者的权力授予与约束。尤其是公共图书馆作为非营利性的公益组织，其资金来源于国家财政拨款，为了更好地履行自己的职能，优质高效地完成公共图书馆的任务，公共图书馆应该接受国家、政府以及公众的监督。管理者应该认识到财务预算不等于一个简单的财务预测或计划，而是应作为一部内部"宪法"在公共图书馆中贯彻执行。

财务预算的关键在于预算编制，对于公共图书馆的预算编制来说，第一，需要根据公共图书馆的发展需要确定具体的资金分配方案，要具体化、数量化；第二，应综合、全面地考虑和分析公共图书馆发展中的可能变化，并以货币计划的形式具体、详细地反映出来；第三，坚持综合平衡收支、略有结余，尽量避免预算赤字；第四，应量入为出，根据具体的财务情况安排支出。

（三）财务收支管理

公共图书馆的财务收支管理包括收入管理与支出管理两个方面。财务收入主要有政府拨款、各方捐赠以及公共图书馆自创经费等形式，前头两项是公共图书馆的主要收入来源，这些收入按规定要纳入财务部门的统一管理之下，这是财务管理的客观需要。而支出管理种类多、用途广，管理起来则更加困难，这就有必要对资金的使用范围、用途、指标进行管理，用以实现对公共图书馆各项财务活动的控制，避免出现差错或问题，保证公共图书馆的正常运转。因此，收支管理作为财务管理的基本内容，增强其管理的科学性和规范性，提高收支管理的水平也是至关重要的。具体操作时要注意以下几点。

第一，严格遵循收支计划。公共图书馆财务收支计划是经过公共图书馆各部门讨论形成并经过严格的审批程序通过的。因此，收支计划一旦通过，就被赋予了相应的效力，对公共图书馆来说就是具有约束力的文件，非经特定的程序不得随意修改。在计划期间内，各部门和各单位凡是有收入的都必须按规定入账；有支出的，也应按计划规定的项目、金额、时间进行开支；对于没有列入计划的开支项目，财务部门要拒绝为其开支。如果有必要，应履行相应的审批手续，编制补充计划，说明原因，并经过审核后才能列支。

第二，建立健全财务支出管理制度。公共图书馆为了保证财务收支合理有序，应按照财务管理制度的要求建立健全支出管理体系，针对不同的支出项目建立相应的管理制度。对于经常性支出的核算、使用、效益、标准等实现统一化管理，同时对重大支出项目要遵循严格的程序，完善调研、立项和审批制度。

第三，保证馆内基本项目支出。基本项目支出是维持公共图书馆正常运转的物质基础，因此应加强对专项支出的管理。在考虑全馆需求的基础上，切实保证经常性开支的资金供应。为此，一方面要严格遵循支出计划；另一方面要本着节约的精神坚决抵制超计划、超范围、超标准的开支，从根本上做到计划开支、有序开支、专款专用。

（四）资产管理

公共图书馆资产是公共图书馆占有或使用的以货币来计量的经济资源，具体包括流动资产、固定资产和无形资产三类。其中任何一种资产都具有其特定价值，可以为公共图书馆的正常运转提供客观条件和物质保证，因此是公共图书馆资产管理的重要组成部分。

一般来说，流动资产是指在一年内可以变现或者耗用的资产或资金。具有周转速度快、循环周期短等特点。对于公共图书馆来讲，流动资产主要指短期内可以周转的货币资金。

固定资产是指期限超过一年并且在使用过程中保持原有实物形态的资产，对于公共图书馆来讲，主要包括房屋、建筑物、运输工具、图书资源以及其他诸如桌椅、电脑、书架等设备。对于这些设施，公共图书馆应做好管理工作。第一，需要做好固定资产管理的各项基础工作。如建立固定资产分级管理责任制；编制固定资产目录；建立固定资产的登记簿或卡片；做好固定资产的计价、折旧工作。第二，应当加强对固定资产实物的管理和维修，对新增固定资产做好验收、移交以及入账工作。第三，对清理报废及有偿调出的固定资产、租出和租入的固定资产必须做好登记。第四，对使用中的各种固定资产要做好日常维护、保养和检查、修理工作。

无形资产是指公共图书馆所控制的，不具有实物形态，但可以长期发挥作用且能带来经济利益的资源。在当今社会，随着时代的发展和科学技术的进步，无形资产的管理日趋重要。而公共图书馆作为信息服务的公益单位，其凭借自身优势而取得的各种专利技术、文献信息加工成果以及其他信息资源的成果等对公共图书馆的发展具有重要作用，它所创造的效益也有发展的趋势，公共图书馆应该对这部分资产做好管理工作。

（五）财务监督管理

由于公共图书馆是政府财政支持单位，财务监督在公共图书馆管理中显得越发重要。所谓公共图书馆财务监督就是根据国家有关财务管理的法律、法规和财务制度，对公共图书馆的财务活动进行审核和检查的行为。

公共图书馆财务监督的主要内容有监督资金的筹措和运用、预算的执行情况、资金的日常使用情况、资产管理状况等。监督主要依靠财务报告和财务分析把公共图书馆一定时期内的财务状况和预算执行情况编写成书面文件，用财务报表和财务情况说明书具体反映资金的运行情况，以方便财务监督的进行。

监督的主体主要有本单位职工、上级主管单位以及国家财务监督和审计部门。通过这些主体的财务监督可以使公共图书馆财务管理过程中存在的问题显现出来，有助于改进和完善公共图书馆的财务制度，还可以提高资金的利用率，实现资源的有效配置。

三、公共图书馆财务管理的技术方法

公共图书馆在开展理财活动时要运用一系列技术方法，这些技术方法共同形成了一整套科学、完善的财务管理方法体系。根据我国传统的财务管理理论，财务管理包括财务预测、财务决策、财务计划、财务控制及财务分析五个环节。与此相对应，公共图书馆财务管理方法体系也主要由相互联系的财务预测方法、财务决策方法、财务计划方法、财务控制方法及财务分析方法组成下文篇要介绍前四种方法。

（一）财务预测方法

财务预测是公共图书馆财务人员根据历史资料、依据现实条件、运用特定方法，对公共图书馆未来的财务活动和财务成果进行的科学预计和测算。财务预测是财务决策的基础，是公共图书馆编制财务计划的前提，是公共图书馆日常财务活动的必要条件。

公共图书馆财务预测工作一般包括以下几个步骤：①确定预测对象和目标，制订预测计划；②收集、整理相关的信息资料；③选择特定的预测方法进行实际预测；④对初步的预测结论进行分析评价及修正，得出最终预测结果。

公共图书馆财务管理中常用的预测方法可分为定性预测法和定量预测法两种类型。定性预测法亦称非数量预测法，一般是在缺乏完备、准确的历史资料的情况下，由公共图书馆领导、财务主管及其他有关专家根据过去积累的经验，利用直观资料，依据个人的主观判断能力及综合分析能力，对公共图书馆财务的未来状况和趋势作出预测的一种方法。定性预测法又可分为意见交换法、类推预测法、理论推定法、专家调查法等。定量预测法亦称数量预测法，是运用现代数学方法对历史数据进行科学的加工处理，充分揭示各有关变量之间的规律性联系，通过建立经济数学模型来进行预测的方法。定量预测法又可分为因果预测法和趋势预测法两种类型。

（二）财务决策方法

财务决策是指财务人员在财务目标的总体要求下，从若干个可供选择的财务活动方案中选择最优方案的过程。当然，在可供选择的财务活动方案只有一个时，决定是否采纳这个方案也属于财务决策。财务决策是财务管理的核心，直接关系到公共图书馆财务管理的质量。

公共图书馆财务决策一般包括以下几个步骤：①根据财务预测的信息提出问题；②根据有关信息制订解决问题的若干备选方案；③分析、评价、对比各种方案；④拟定择优标准，选择最优方案。

公共图书馆财务决策常用的方法有优选对比法、数学微分法、线性规划法、概率决策法、损益决策法等。

（三）财务计划方法

财务计划是在一定时期内以货币形式反映公共图书馆业务及经营活动所需的资金及其来源、财务收入和支出、结余及其分配的计划。财务计划是公共图书馆根据本单位的业务工作安排及定额定员等标准，以财务预测提供的信息和财务决策确立的方案为基础来编制的，是财务预测和财务决策的具体化，也是控制公共图书馆财务活动的基本依据。公共图书馆预算、预算外资金收支计划、经营收支计划等都是公共图书馆的财务计划。

公共图书馆财务计划的编制过程一般包括以下几个环节：①根据财务决策的要求，分析主客观条件，全面安排计划指标；②对需要与可能进行协调，实现综合平衡；③调整各种指标，编制计划表格。公共图书馆财务计划的编制过程，实际上就是确定计划指标并对其进行综合平衡的过程。

编制公共图书馆财务计划的方法主要有平衡法、因素法、比例法、定额法等。

（四）财务控制方法

财务控制是指在财务管理过程中，利用有关信息和特定手段对公共图书馆的财务活动施加影响或调节，以便实现计划所规定的财务目标。财务控制作为一种经济调控行为，其调节过程一般包括制定目标、分解目标、实施调控、衡量效果、纠正偏差几个步骤。

常见的公共图书馆财务控制方法有：①防护性控制。防护性控制又称排除干扰控制，是指在公共图书馆财务活动发生前就制定一系列制度和规定，把可能产生的差异予以排除的一种控制方法。例如，为了合理使用资金，节约各种费用开支，可事先规定各项开支的范围和标准；为了防止公共图书馆滥用职权，杜绝乱收费现象，可事先对其收费的项目、范围和标准作出规定。在公共图书馆财务管理中，各项事先制定的标准、制度、规定都可以看作排除干扰的方法，这是最彻底的控制方法，也是公共图书馆财务管理中最常用、最重要的控制方法。②前馈性控制。前馈性控制又称补偿干扰控制，是指通过对公共图书馆财务系统实际运行的监视，运用科学方法预测可能出现的偏差，采取一定措施，使差异得以消除的一种控制方法。例如，为了控制公共图书馆支付能力，保证公共图书馆各项业务的顺利开展，要密切注意公共图书馆流动资金（周转金）的数量，当预测到流动资金数量不足、可能影响后续各项业务活动顺利进行时，就应采取措施严格控制并合理安排资金支出，以保证公共图书馆有足够的支付能力。在公共图书馆财务管理中，前馈性控制是一种比较好的控制方法，它便于各公共图书馆及时发现问题，并及时采取解决措施。

第五节　公共图书馆创新管理

随着人们的物质生活需求得到满足，人们的精神生活需求不断提高，渴望获得更多的知识成为人们精神文明追求的重要一环。受人们追求改变的影响，公共图书馆的作用得到体现。由于公共图书馆传统管理模式在当下很难施行，公共图书馆的运行效率得不到提高。如果要落实好公共图书馆的管理工作，就需要从多角度分析图书馆管理工作，不断创新管理模式，在新时代发挥图书馆的最大价值。为此，有必要研究公共图书馆管理工作的创新策略。

一、公共图书馆创新管理的含义理解

创新管理是指组织管理者借助创意环境的建立、成员参与的对话，引发组织成员进行知识创新、技术更新、产品转化的过程，并针对组织可能面临的问题，激发组织成员愿意突破现状和接受挑战，并通过一套合适且新颖的文化框架，以新思维和新方法追求组织持续发展。依据此定义，创新管理具有五个特性：应以创新环境的设置为先；是一种集体参与对话的结果；是一种突破现状和挑战现状的管理过程；组织创新文化的形成有赖于创新管理的产生；创新管理的目的是组织的持续发展。

对于公共图书馆而言，创新管理有两层含义：其一，公共图书馆创新管理是对其宏观管理模式的创新，包括实行知识管理、业务流程管理、人力资源管理、危机管理等新的管理理念和方法，因此该层面上的创新管理和管理创新没有太大区别；其二，公共图书馆创新管理要从微观层面上用创新的理念和方法实施具体的管理活动，也就是每一项管理活动都要有创意、都要在创新的环境下展开，公共图书馆的领导者和馆员也要积极参与其中。因此，在理解公共图书馆创新管理的含义时，不应简单地将其归纳为宏观层面上采用的新管理理念和方法，而应将其扩大至具体的管理活动中。

二、公共图书馆创新管理的实施原则

公共图书馆创新管理的实施需要注意以下原则。

一是勇于突破原则。组织内部从上至下都应摒除保守、被动的心态，勇于尝试创新的服务方式或改变传统的作业模式，而且上级主管领导应鼓励员工提出创新构想，即使推行的成果不佳，也要给予鼓励。

二是全面参与原则。除了获得上级主管的支持外，也需要组织内部各部门及所有员工的配合，才能推动创新服务取得成功。

三是沟通协调原则。提出创新方案后，可能需要组织的经费和人力支持，也可能需要在作业程序上做某种程度的调整，这些都需要各部门、上级主管及全体馆员之间进行良好的沟通，以促进创新方案的推展。

四是激励支持的原则。公共图书馆主管对馆员的激励与支持，是馆员提出创新构想的关键。提出创新构想后，主管也应该给予人力、物力及经费支持，协助馆员与各部门之间进行沟通，以使创新构想得以落实。

五是组织学习的原则。创新方案的推进是一个组织学习的过程，在推进过程中，无论是研究创新服务的方式、设计服务的机制，还是进行可行性评估、市场调查、效益评估等，都可让参与的同事吸取宝贵的经验。

六是经济效益原则。创新活动的推行必须考虑成本效益，为此公共图书馆必须考虑自身能投入的人力、物力和财力有多少，有多少用户能接受、欢迎和利用创新的措施。这些都是公共图书馆在推出创新措施后必须考虑的问题。

三、信息时代公共图书馆创新管理的路径

（一）创新公共图书馆的管理理念

当今社会的发展方向越来越趋于多元化，在这种发展形势下，公共图书馆如果仍然沿用以往单一的管理模式，则无法顺应时代的发展。由于社会在不断进步，在解决了基本生活需求后，人类的需求从以往单一的物质需求渐渐转变为多元化的精神需求，人类对书籍的需求正在不断提升。要求图书馆管理人员正确认识图书馆管理工作，转变管理理念，综合时代发展特点，结合民众阅读需求，以长远的战略发展眼光看待图书馆管理工作创新的必要性，不断消除管理中的缺陷，以更高效的管理理念为引导，科学有效地实现高质量的管理，从而加快图书馆管理模式创新进程，提高图书馆管理质量。为尽快实现这一目标，公共图书馆必须根据自身的管理特点创新管理模式，具体可以参考以下意见。

第一，公共图书馆在优化创新管理模式的过程中，需要始终坚持实效性原则，根据预定的发展目标探究更多更合理的管理方法并应用到管理工作中。坚持时效性原则要求管理人员掌握行业当前最新的发展动态，学习更多新颖的管理理念，优化管理工作，增强管理效果。

第二，公共图书馆管理理念的创新需要管理人员贯彻落实针对性原则，这要求管理人员综合考虑管理工作对于图书馆发展的重要意义，深度剖析管理的价值，进一步确保公共图书馆日常管理更人性化，使其服务内容符合读者的阅读需要，体现图书馆管理模式创新

的价值，让图书馆与读者之间建立良好的关系，提高读者对图书馆的认可度。

第三，公共图书馆管理需要融入全面性原则，不仅应该创新管理模式，还应该创新服务模式，通过科学的管理模式与优质的服务模式提高图书馆的管理质量，进一步深化管理人员的管理职能，使管理人员科学地开展管理工作。这些要求对于公提高共图书馆的管理效率发挥着重要作用，是推动公共图书馆可持续发展的关键一环。

（二）创新公共图书馆的管理内容

由于公共图书馆的传统管理模式较单一，因此公共图书馆的传统管理理念及服务理念存在一定的局限性，很多读者在传统管理模式下无法满足自身的阅读需求。公共图书馆需要创新管理内容，进一步体现公共图书馆的服务职能。

首先，公共图书馆要正确认识管理内容创新的重要性，创新优化线型业务流程，使服务方式不断朝向信息化服务模式发展，提高服务水平。此外，一些公共图书馆需要优化创新网络服务平台，使服务平台主页中的服务内容更多样化，在优化过程中根据读者实际需要探索更多的个性化服务，满足不同读者的不同阅读需求。读者在阅读时，可以在第一时间找到图书资源，消除读者搜索过程中存在的焦躁感，提高读者的搜索效率。最重要的一点是，图书馆应该将主体服务的服务理念应用到服务管理模式中，不断扩充图书的服务主体，使服务管理更具特色化。

其次，图书资源的利用率是衡量图书馆读者阅读量的重要标杆。因此，提高图书馆图书利用率能够优化图书馆管理工作。图书馆需要构建独具特色的图书资料，对图书资料进行分层，实现深层管理，实现图书资源价值最大化。

最后，公共图书馆需要优化管理制度建设进程，更快地完善管理制度。在这一过程中，需要格外关注图书借阅期限的重新设定，延长借阅期限，为读者提供更多的阅读时间。管理内容的创新还包括图书借阅方式的创新，信息化的借阅方式应该成为当前图书馆借阅图书的主要管理方式，应用信息技术可以解决图书借阅过程中存在的因人为操作失误而导致借阅信息出现错误的问题，提高图书馆的管理质量。

（三）创新公共图书馆的管理方法

信息时代，人们对阅读资料的需求更加多样化。在开展管理工作时，公共图书馆需要围绕读者需求创新管理方法，根据读者的个性化特点不断优化管理方法，使管理工作更具针对性，为读者提供更优质的信息服务。公共图书馆想要提供高效的管理服务，可以将网络系统应用到日常管理工作中，通过建设数字图书馆满足读者的阅读需求，让读者可以随时随地阅读，进一步体现管理的实效性。

此外，公共图书馆还需要将个性化服务理念融入日常管理工作中，进一步凸显信息服务的针对性，通过制定针对性较强的分析策略科学地分析读者的阅读需要，汇总读者的阅读需求，定期举办阅读服务活动，提高管理质量。在创新管理理念的过程中，公共图书馆需要注意的是，创新并不是只改变管理方式即可，而是需要采取更有效的管理方式提高管理工作的运作效率和科学性。

因此，在创新管理方法的过程中，需要管理人员遵循以下几个原则。首先，服务原则。公共图书馆的主要职责是更好地服务读者，满足读者的阅读要求，使读者提升对自身的认可度；其次，求真原则。公共图书馆不应该为了吸引更多的读者做虚假宣传，与自身的发展理念相违背；再次，为民原则。公共图书馆应该落实好公共服务工作，除了为读者提供优质的阅读资料，还需要承担一定的公共服务职责，积极帮助有需要的人，为其解决生活上的困难；最后，爱国原则。爱国教育是公共图书馆必不可少的组成部分，公共图书馆应该定期开展爱国教育为主题的阅读活动，为公众带来更多优质的爱国教学素材，陶冶公众的爱国情操。管理方式的创新对于公共图书馆来说是变革过程中重要的一环，该环节的工作需要全体工作人员共同参与，找出日常管理过程中存在的弊端，针对管理问题找出解决策略，进一步优化管理方法，为公众提供更多优质的服务。

（四）优化公共图书馆人才队伍建设

专业人才队伍建设是公共图书馆发展中的重要组成部分。如果专业人才队伍建设存在缺陷，则会使公共图书馆发展滞后，影响其可持续发展。这就要求公共图书馆在创新管理模式时紧跟时代发展步伐，正确认识发展与人才之间的关系，不断为人才队伍建设投入更多资源，打造出一支职业化的人才团队，推动公共图书馆更加科学稳定地发展。由于管理人员需要直接面对读者，因此要求管理人员具备专业的管理能力及服务能力。又由于读者属于不固定人群，因此要求管理人员能够针对不同人群应用不同的管理方式。管理人员需要通过完善知识结构，提高信息服务能力，进一步满足读者的阅读需要，促进管理工作的长期稳定发展。此外，还可以借助信息技术提高管理队伍的整体素养。应用信息技术进行管理，可以充分发挥管理人员的管理能力，在降低工作量的基础上提高管理质量。

公共图书馆需要全面考虑自身的发展方向，以更优待遇吸引更多高质量的管理人才加入，提高人才队伍的整体素养。首先，公共图书馆要完善培训制度，定期将优质的管理理念传授给管理人员，让管理人员熟悉先进的管理理念。其次，开展管理技能培训。管理技能培训包括信息化管理技能和人性化管理技能培训，通过培训提高管理人员的管理能力。再次，制定考核制度，考核制度是评判管理人员工作表现的主要方式。在管理制度中需要明确奖励机制及惩罚机制，全面考虑各个管理人员需要尽到的职责，让管理工作有章可循，消除一些人为影响因素，使管理工作更规范。最后，公共图书馆可以邀请一些专业的管理人员到馆中授课，向管理人员讲解自己在管理过程中遇到的问题及问题解决方法，然后让管理人员分析讲解的内容，这样做对于管理人员日后顺利开展管理工作有重要的意义。

（五）优化公共图书馆组织结构

如果要更好地优化公共图书馆的管理工作，为更多的读者提供更优质的服务，则需要公共图书馆优化组织结构，通过创新组织结构提高管理质量。所以，优化组织结构、改变服务模式对于促进公共图书馆的稳定发展十分重要。这要求公共图书馆能够调研阅读市场，综合读者的阅读需求调整组织架构，为图书馆管理模式的创新提供充足的保障。

此外，组织结构的创新离不开信息技术的应用，信息时代，很多企业、部门都是通过信息技术来优化运营管理，公共图书馆也应如此。首先，建立属于自身的管理体系，在管理体系中明确各个部门的职责，保障各个部门都能够尽到管理职责；其次，需要调整组织结构中作用不大的部门，使每个人员的工作形式更加多样化，提高其他部门的运行效率；再次，需要根据图书馆当前的管理效率调整组织结构，合并一些低效的管理部门，针对性地解决管理中存在问题的地方，提高整个组织结构的运行效率；最后，领导者可以学习一些先进的管理经验并将其应用到日常管理工作中，优化现有的组织结构，提高管理质量。组织结构的优化可以推动公共图书馆管理模式的改革，使改革工作更加科学化。在改革过程中，如果组织结构不合理，就会极大地制约创新工作的开展。但是，优化组织结构并非朝夕就可以完成，其要求管理者能够发现图书馆日常管理过程中存在的弊端，并且可以针对这些弊端制定行之有效的解决方案，循序渐进地优化组织结构，最大限度地降低改革过程中出现的影响，保障图书馆的稳定发展。此外，组织结构的转变势必会对员工的利益造成威胁，改革者需要照顾到这些员工的利益。

总之，公共图书馆的管理模式创新是一项复杂的工作，涉及众多影响因素，如果不能全面考虑这些因素，创新过程就势必会遇到阻力，需要决策者有敏锐的洞察力，可以通过合理的方式解决创新过程中遇到的重点问题，推动创新工作长期稳定发展。

第四章　公共图书馆的读者服务工作

第一节　公共图书馆读者服务概述

一、读者服务的含义

公共图书馆作为社会文化教育机构，作为文献信息中心，它的性质决定了其要以服务社会、服务读者为根本任务。"服务"是公共图书馆存在的前提，是公共图书馆各项工作的出发点和归宿，是检验和评估公共图书馆工作的重要标准。

"读者服务"是指公共图书馆根据读者对文献的需求，充分利用公共图书馆资源直接为读者提供文献和信息的一系列活动，也称为"读者工作"或"图书馆服务"。它是一种特殊的服务，是利用图书馆资源进行的文献服务；其目的是通过开发利用公共图书馆的各项资源，为读者提供快捷有效的信息服务。它是整个图书馆工作中最活跃、最富有生命力的因素。

读者服务工作，也称"用户服务工作"，是指公共图书馆文献的使用和服务工作，如文献的外借、阅览、文献宣传、阅读辅导、参考咨询、文献检索、网络信息导航以及用户发展、用户研究、用户培训工作等；此外，还包括各类信息工作，如科技查新、专利查新、定题信息服务等。读者服务工作可以分为四个部分：情报服务、参考咨询、文献借阅、信息增值服务。情报服务工作包括组织读者、组织服务（利用文献资料开展各种读者活动）、图书情报服务工作的管理。参考咨询工作包括文献调查工作、书目工作、参考工作、文献检索工作、文献提供工作等。文献借阅工作包括文献外借和文献阅览服务。信息增值服务主要有四种模式，即个性化全程服务、团队服务、集成化信息服务、专业化网上服务。

二、读者服务的要素

第一，用户是公共图书馆服务的对象。公共图书馆的生存和发展在一定程度上取决于用户的数量和素质。公共图书馆的用户来自社会各行各业，他们所需的文献涉及面广，但以综合性、普及性的读物为主。

第二，文献资源是读者服务的基础。公共图书馆赖以生存的基础、公共图书馆服务的深度和广度取决于馆藏文献信息资源的开发和利用，而且其布局和建设是随着社会的发展而变化的。尽管现代公共图书馆提供的服务仍以文献资源为基础，但公共图书馆内外部功能不断变化，使公共图书馆文献资源的种类不再仅仅是纸质出版物，而且文献资源也不再局限于馆内。现代公共图书馆的文献资源由馆藏实体资源和网络虚拟资源两部分组成。

第三，公共图书馆员是公共图书馆服务的提供者。现代公共图书馆员的作用不仅仅是保存文献资源，更重要的是能从浩如烟海的文献资源中为用户筛选他们所需的信息，因此现代公共图书馆的业务水平和职业道德对公共图书馆的服务质量起着举足轻重的作用。现代公共图书馆的服务由用户自助服务和馆员辅助服务两大类组成。

第二节　公共图书馆读者服务的内容

一、文献资源借阅服务

文献资源借阅服务是指图书馆将馆藏各类文献资源通过各种文献流通方式提供给读者利用的服务方式，分为文献外借服务、文献阅览服务等。文献资源借阅服务是图书馆读者服务工作中的最基本、最主要的服务方式，其工作质量的好坏是评估图书馆工作效益高低的重要内容。

（一）文献外借服务

文献外借服务是指读者与图书馆建立一定的契约关系后，公共图书馆文献将馆藏文献资源在一定期限内出借给读者，使读者可在馆外使用的一种服务方式。

1. 文献外借服务的形式

根据外借服务对象、文献来源、外借方式等的差别，图书馆外借服务的形式主要有个人外借、集体外借、馆际互借、预约借书、邮寄外借、流动外借等。

第一，个人外借。读者持借书证以个人身份办理借书手续的一种外借形式。个人外借能满足不同读者的不同需求，是文献外借的基本形式。

第二，集体外借。读者以集体为单位，批量从图书馆外借图书的一种外借形式。集体按照图书馆的规定办理集体借书证，由专人代表向图书馆办理文献批量外借，以满足集体读者共同的阅读需求。

第三，馆际互借。图书馆之间根据协定相互利用对方馆藏以满足本馆读者需求的外借形式。其主要作用是各馆之间可互通有无，弥补本馆藏书的不足，多途径地满足读者需要。

第四，预约借书。读者向图书馆预约登记某种暂时被借出的图书，待图书归还会有图书馆按预约顺序通知读者借书的外借形式。

第五，邮寄外借。图书馆借助邮政传递手段，为远离图书馆而又需要文献的单位和个人读者寄送外借书刊。《中华人民共和国残疾人保障法》中规定，盲人读物邮件免费寄递，由此可以通过邮局向视障读者邮寄图书，让他们能轻松、便捷地使用盲人图书资料，图书馆也可以有效地节省人力、物力。

第六，流动外借。图书馆通过馆外流动站、流动服务车等途径，定期将馆藏文献送到读者身边开展借阅活动的服务形式。

2. 文献外借服务的内容

（1）办理借书证

公共图书馆发放借书证的对象是全体市民。凡持有个人身份证或其他有效证件（户口本、驾驶证、护照、军人证等）的读者，都可以办理个人借书证。

借书证的材质有普通纸质卡、PVC（聚氯乙烯）卡、智能卡等。普通纸质卡造价便宜，但易磨损；PVC条码卡造价中等，可通过条码识别读者信息；智能卡识别方便、功能扩展性强，但造价高。随着身份证、市民卡、社保卡的智能化和统一化，不少图书馆也开始尝试使用现成的居民身份识别证件作为借阅图书的凭证。例如，佛山市联合图书馆、杭州图书馆、青岛图书馆、济南图书馆等都可以使用二代身份证作为借书证，苏州地区各公共图书馆普遍使用当地市民卡作为借书证。

读者办理借书证可收取一定数量的押金，押金的金额可根据读者申请的借阅权限调整。近年来，图书馆界也在进行免押金借阅的讨论和尝试。

（2）文献外借

外借文献要有一定的规定和制度：规定每次可借的册数；限制外借时间（一般为一个月）；明确续借制度，损书、超期的处罚制度等。传统的文献外借需要手工进行，通过借书证、索书单、书袋卡、借书记录卡等进行管理。随着计算机在图书馆的广泛应用，外借服务大多使用计算机进行管理，大大提高了工作效率。

（3）文献续借

文献续借是读者根据需要，在文献未过期的前提下延长借阅期限的方式。文献续借的方法有到馆续借、电话续借、网上续借、短信续借等。不同类型的文献可按需求制定不同的续借规则。通常规定在某些情况下不容许进行续借，如读者证已过期、读者有过期未还文献、读者欠费到一定额度、已经超过可续借的次数等。为了保障每个读者有公平享用资源的权利，一般同一读者当前借阅的图书最多续借一次。

(4) 文献催还

文献催还服务分为三种：预期催还、超期催还和预约催还。预期催还就是读者所借阅的文献即将到期而进行的催还；超期催还是读者所借阅的文献已经超过规定期限没有归还而进行的催还；预约催还指读者对正在借出状态的文献提出预约要求，提示持有者按期归还（即催还），并不再续借。文献催还的方式主要有电话通知、手机短信提醒、邮寄催还单、网上发布等。

（二）文献阅览服务

文献阅览服务是指图书馆利用一定的空间设施供读者在图书馆内阅读、利用馆藏文献的一种服务方式。馆内阅览可以使读者更全面、更有效地使用馆藏书刊。

文献阅览服务主要通过各类阅览室展开工作。阅览室的种类很多，为了正确地设置阅览室、科学地管理阅览室，可按以下标准划分阅览室的类型：按知识门类划分，可以设置社会科学阅览室、自然科学阅览室、地方文献阅览室等；按读者对象划分，可以设置少儿阅览室、视障阅览室等；按出版类型划分，可设置期刊阅览室、图书阅览室、参考工具书阅览室、视听资料阅览室等；按文献文种划分，可设置中文阅览室、外文阅览室和少数民族阅览室等。文献阅览服务的内容包括：合理规划和合理布局各类文献资料；认真布置阅览环境和营造阅读氛围；积极推进阅读指导和阅读推广服务；努力加强参考咨询服务等。

公共图书馆作为公共文化设施，应提供免费阅览服务，让所有市民自由出入图书馆，真正体现公共图书馆的公益性和开放性；同时应建立开架阅览和藏、阅、借结合的服务模式，为读者提供多元化的阅读服务。

二、公共图书馆阅读推广服务

阅读推广是指图书馆通过开展各种阅读活动向广大市民传播知识，培养市民的阅读兴趣，促进全民阅读。阅读指导的目的是满足读者的阅读需求，而阅读推广则是为了激发这种需求。阅读推广活动既是对阅读本身的推广，也是对阅读指导服务的推广，同时也是图书馆一种很好的自我推广方式。

（一）阅读推广的契机

除了日常的阅读推广，公共图书馆可把各种节日、纪念日及某些特殊的时间段作为阅读推广的主要契机，进行年度大型阅读推广活动和专题推广活动。例如：① "4·2" 国际儿童图书日。有针对性地举办儿童阅读推广活动，架起儿童与图书的桥梁，促进儿童阅读，引领儿童成长。②"4·23"世界读书日。可联络社区、学校、出版社等开展丰富多彩的阅读日庆典活动，把读书的宣传活动变成一个热热闹闹的欢乐节日。③图书馆服务宣传周。可向公众宣传图书馆，开展各种便民利民活动，增强全社会的图书馆意识，提高图书馆利用率，以树立图书馆的良好形象。④寒假暑假。可通过这个学生相对轻松的时间段，根据不同年龄段学生的特点组织夏令营、征文比赛之类的读书活动。⑤其他节日。如可在儿童节、国际盲人节、重阳节等开展针对少年儿童、视障人士、老年人的阅读推广活动。

（二）阅读推广的形式

1. 图书展览

可针对不同人群的需求开展专题或精品图书展览，直观地将图书展现在读者面前，吸引他们阅读和外借。例如，针对小朋友的绘本书展，针对本地文化研究者的地方文献专题展等。

2. 推荐书目

可针对某一特定人群或特定的目的，围绕某一专门问题，对文献进行选择性的分类和筛选，并进行推荐。推荐书目不仅能引导读者阅读，同时能激发读者爱书、读书的热情，是阅读选择过程中的重要辅助工具。

3. 演绎名著

可通过诗文朗诵、音乐会、影视欣赏的方式演绎名著、名篇，激发读者阅读经典著作的兴趣，培养良好的阅读习惯，享受阅读的乐趣。对于少年儿童，则可通过故事会、角色扮演的形式演绎经典童话、绘本书，让他们从小养成阅读兴趣和阅读的习惯。

4. 公益讲座

讲座是一种有效的知识传播手段，从一定意义上来讲，也是一种推广阅读的活动形式。读者通过讲座获取书本知识，养成阅读和求知的习惯。近几年，公益讲座悄然兴起，通过专家、名人讲座，让读者更亲近阅读，体味读书的乐趣。

除了以上阅读推广形式，编制阅读推广手册，开展图书漂流活动、书友会活动、读书征文比赛、读书箴言征集、读书有奖知识竞赛、图书捐赠等也同样受到广大读者的欢迎。全媒体时代，图书馆更应充分利用各种媒体、信息技术开展各种读书活动，使阅读推广行之有效。

三、总分馆制的公共图书馆服务

（一）总分馆制图书馆

1. 总分馆制的定义

总分馆制是指由同一个建设主体资助、同一个管理机构管理的图书馆群，其中一个图书馆处于核心地位作为总馆，其他图书馆处于从属地位作为分馆。分馆在行政上隶属于总馆，在业务上接受总馆管理，从而形成在采购、编目、网络、服务、管理五个方面完全统一的图书馆联合体。也就是说，在一个总分馆体系中，总馆具有财产管理权、业务管理权和行政管理权（包含人员管理权），由此形成"使民众普遍均等地就近获得公共图书馆服务"的服务体系，保证"公民利用图书馆的权益"的实现。

与此相关的两个概念是公共图书馆建设主体和公共图书馆管理单元。建设主体指保障公共图书馆建设和运行所需经费的政府、社会团体或个人，在多数国家，公共图书馆的建设主体是某一级地方政府；管理单元指由同一个主管部门统一管理的图书馆群总分馆体系的基本特征就是总馆和分馆共享同一个建设主体并隶属于同一个管理单元。正是建设主体和主管部门的同一性将总分馆联结为管理统一、联系紧密的服务体系，使总分馆之间可以统一规划业务活动，统一制定规章制度，统一人财物管理，统一开展图书馆评估；使用统一的管理系统和读者证，实现通借通还。也正因为如此，在国外，某某总分馆体系经常被看作、称作某某图书馆，就如同它们是一个图书馆。例如，当美国同行提到芝加哥公共图书馆、加拿大同行提到多伦多图书馆、英国同行提到莱斯特郡图书馆与信息服务，事实上他们都在谈论一个总分馆体系。值得说明的是，在我国，由于受公共文化管理体制的约束，近年来发展起来的总分馆很少隶属于同一个建设主体和主管部门，因此只能算是业务上联系相对紧密的准总分馆体系。

2. 总分馆体系在资源共享方面的优势

第一，有利于提高体系内的资源保障能力。当前，文献资源载体不断增多，文献资源总量不断扩大，购置文献资源的价格越来越高，而图书馆经费的增加速度远远比不上文献资源价格上涨的速度，图书馆界普遍面临由于文献资源短缺造成的服务能力不足、难以满足读者需要的压力。任何单个的图书馆都不可能通过加大投资在短时间内大幅度增加馆藏文献来提高服务能力，必须与其他图书馆开展各种有效的合作来提高自身的服务能力，进而提高合作体系内整体的服务能力。在一定范围内建立总分馆体系，有利于提高体系内文献资源共建共享及文献资源整合的效率，体系内各图书馆能更充分地利用包括总馆在内的其他成员馆的文献资源来提高自身的服务能力，从而提高体系整体的服务能力。

第二，有利于实现体系内资源互补。大部分图书馆在自身的发展过程中由于经费的限制，一般都会根据自己的性质、服务范围、服务宗旨有选择、有重点地建设文献资源，从而形成自己的馆藏特色。然而，读者的需求却是全方位的。建立总分馆机制，有利于在总分馆的框架下，充分利用和整合各成员馆的资源优势，实现各成员馆之间的资源互补，提高整个体系的服务能力。

第三，有利于提高协调体系内图书馆的文献资源共建共享行为的效率。多年来，我国图书馆界文献资源共建共享的协调机构都是由各种学会、协会、工作委员会来承担，这些机构本身并不掌握用以共享的文献资源，也不能解决共建共享体系内的建设经费。有些图书馆未将资源共建共享的观念提升到全局的高度，只想共享，不思共建。在文献资源共建共享过程中，由于大馆与小馆资源占有量不同，总会有一些图书馆付出较多，有些图书馆共享较多，因此在协调过程中会出现诸多困难，协调共建共享的效率非常低。总分馆体系作为一种协调资源共建共享行为的组织形式，将资源占有量较多、技术力量较强的图书馆作为总馆，其他图书馆作为分馆，将体系内资源共建共享的协调机构设在总馆，这样有利于提高总馆在共建共享过程中的积极性和责任感，使其自觉地在共建共享过程中多付出，从而提高协调共建共享行为的效率。

第四，有利于提高中心图书馆的辐射能力、资源利用率及分馆的服务能力。总馆作为总分馆体系中的中心馆，在拥有丰富的文献信息等资源的同时必须考虑如何提高这些资源的利用率，如何提高自身的影响力及扩大自身的服务范围；而资源占有量相对较少的文献情报机构为了提高自身的服务能力，必须寻求与一些具有丰富资源的文献情报机构合作，利用他馆的文献资源来弥补自身资源的不足，为本机构的用户服务。在这些文献情报机构之间建立总分馆服务体系，通过总馆提供文献、设备、技术资源，分馆提供服务场所、服务人员的方式，可使中心馆的资源得到更充分的利用，服务范围得到更有效的扩展，并且总馆可利用的资源也会在无形中扩大；分馆通过共享总馆及其他分馆的文献、设备、人才等资源提高自身的服务能力，这对于总馆和分馆来说，是一种双赢的行为。

第五，总分馆体系是一种投资少、见效快的资源共享方式。在不改变行政隶属等关系的情况下，在平等互利的原则下，在具有互补资源、互补服务能力的图书馆之间建立总分馆服务体系，是一种投资少、见效快的资源共享模式。当今正处于网络时代，文献资源数字化、文献服务网络化程度不断提高，为文献资源的共建共享提供了方便快捷的手段，只要总分馆之间具有某方面的共同兴趣和共同利益，达成合作共识，就可以在一定的共享协议的规范下，建立总分馆关系，实现有效的资源共享。

(二) 总分馆体系的构建原则

一是平等互利、协调发展。总分馆之间的合作只有建立在平等互利、协调发展的基础上，才能保持合作的可持续性。文献资源丰富、技术力量雄厚的总馆要肯于为资源共建共享作出牺牲；参与共建的分馆要努力适应共建共享合作的要求，愿意为共建共享作出调整和配合。总馆要充分认识到，为分馆提供资源与服务的同时实际上是扩大了自身可利用的资源总量，扩大了自身的服务范围，提高了自身的知名度与影响力；分馆要认识到，加入总分馆体系，配合总馆做好服务，其实是提高了自身的资源保障能力及文献服务能力。总分馆之间只有建立起平等互利、协调发展的机制，才能使总分馆体系真正达到促进资源共享的目的。

二是充分利用全国性的共享体系资源，避免低级重复建设。总分馆体系主要是挖掘总分馆的资源，为整个体系服务。但是这些图书馆的资源是有限的，因此要提高总分馆体系的服务能力，必须将总分馆体系自觉纳入全国性共享网络，在充分利用全国性共享体系资源的基础上，挖掘自身的资源与服务优势，建立总分馆范围内的文献资源与服务保障体系，避免重复建设。

三是合作机构的选择原则。共同的利益关系、共同的兴趣和需求是构建总分馆体系的基础，是总分馆之间实现互惠互利的前提。因此，选择合作建设分馆机构的原则是共同的利益、兴趣和需求。要从资源共享的实际需要出发，可跨部门、跨地区、跨系统、跨行业进行合作，不拘一格发展分馆。

四是分馆建设要具有特点，以实现与总馆和其他分馆的资源互补，避免重复浪费。要实现总分馆体系内资源互补，在建设分馆的过程中要重视体现分馆的特色，尤其在文献资源建设上要突显各分馆的特点与优势，避免重复建设造成不必要的浪费。

五是充分利用现代化计算机网络技术实现总分馆体系资源共享功能。传统的文献资源共享活动之所以难以大规模、高效率开展，主要是共享手段落后所致，因此在建立总分馆共享服务体系时，必须充分利用现代化计算机网络技术实现体系内的共享功能。例如：利用图书馆自动化管理集成系统实现文献资源协调采购与联合联机编目、馆际互借功能；利用联合参考咨询软件实现联合参考咨询、联合知识导航等服务，利用网络实现体系内文献传递功能等。

六是健全总分馆体系协调机构，建立协调原则。协调机构可由体系内各馆负责业务的领导组成，并在总馆设立日常管理机构，建立可操作的协调原则和规范，通过充分协商制定体系内的规章制度。这些规章制度包括：合作业务规范和标准化细则；馆藏分工原则；资料交换、信息通报制度；服务标准；共建数据库和网络互联协定；工作经验交流制度和有关修改协议的规定等。

七是尊重知识产权。在总分馆体系文献资源共享服务的过程中，一定要在不违反知识产权的框架下探索文献资源合理使用和充分共享的各种方式方法，以实现总分馆体系的良性发展。

（三）总分馆体系的运作模式

第一，文献资源共享服务。总馆与分馆之间的主要合作方式是以服务作为合作的切入点，建立总分馆体系服务网络。通常可采取总馆提供资源，分馆提供场地与配套设施、服务人员等方式，将总馆的服务辐射到分馆所在地。例如：在分馆建立总馆印刷版资源展示及借还服务点；在分馆设立电子阅览室，建立总馆电子资源服务点；联合总分馆的专业人员，为用户提供联合文献传递、联合知识导航等服务。

第二，计算机网络设备资源共享。随着信息时代的不断发展，图书馆为用户提供服务的过程中越来越依赖于计算机网络设备的支持；但并不是所有的图书馆都有实力、有必要购买昂贵的设备，特别是计算机存储设备。在总分馆体系内可方便地共享这些资源，形成分布式的计算机服务网络来提高体系的服务水平。

第三，人才资源共享。作为总馆的中心图书馆，一般在人才配置上比较齐备，具有信息资源管理、计算机网络应用、外语以及学科馆员等专业人才；而某些小型的分馆就不一定拥有各方面的人才，有些分馆只能根据自身的性质、特点配备一些服务人员，计算机技术人员、外语人才及学科馆员一般很难配置齐全。在总分馆体制下，可整合体系内的人才，联合总馆与各分馆的人才资源通过网络为整个体系的共同用户服务。

第四，联合文献资源建设。联合文献资源建设是总馆和分馆之间的一种很重要的合作方式，通过这种合作方式共建体系内文献信息保障系统。建立总分馆文献联合采购机制，可采取协调采购、集团或联合购买等方式降低整个体系的文献购置成本；加强总分馆在特色专题数据库建设与服务方面的合作，也是联合文献资源建设的主要途径。

第五，人才培训、学术交流资源共享。总馆和分馆之间还可以在培训、学术交流活动等方面进一步扩大合作范围，比如联合进行职工队伍培训、联合举办学术报告等活动，使得培训、学术交流资源得到充分共享。

第三节　公共图书馆的未成年人服务

公共图书馆是保障公民基本文化权益、提高公民科学文化素质和社会文明程度的重要公共文化设施，肩负着开展社会教育、推广全民阅读的重要使命，应当按照平等、开放、共享的要求为社会公众提供服务。未成年人虽然属于"公民"之列，但因其年龄、心智等方面具有特殊性，能否养成良好的阅读习惯，能否掌握获取和利用信息的有效方法，能否培养正确的"三观"至关重要。①

一、未成年人服务的对象和组织形式

未成年人是与成人相对的概念，泛指在一定年龄段以下或未达到某一年龄段的群体。未成年人属于法律术语，在不同的国家，对未成年人的年龄上限有不同的规定，通常体现在法律或相关的政策法规中。美国规定未满 18 周岁的为未成年人；日本规定未满 20 周岁的为未成年人；印度规定男性未满 16 周岁、女性未满 18 周岁的为未成年人。在我国，"未成年人"一般指的是未满 18 周岁的公民，目前已经颁布的《中华人民共和国未成年人保护法》和《中华人民共和国预防未成年人犯罪法》都对这个概念进行了界定，将未满 18 周岁的这个群体统一用"未成年人"来代替。

在图书馆服务领域，人们对于未成年人的分类大致同于上述标准。国际图书馆协会联合会将未成年人群体划分为三大类：①婴儿和学步儿童；②儿童；③青少年。

（一）服务对象

1. 普通未成年人

未成年人是指 0~18 周岁的未成年人，通常这类人群根据入学与否又区分为学前儿童和学龄儿童两类。

（1）学前儿童

学前儿童指的是还没有达到入学年龄的儿童。这类群体通常是馆员接触比较多的、比较熟悉的群体，图书馆开展的讲故事活动主要就是面向学前儿童的。由于即将到学校接受正规学习的训练，因此他们需要掌握一些基本的阅读技能，尝试独立阅读。图画书是这类人群的主要读物，一般文字较少且浅显易懂，图画作为文字的辅助，往往能够恰如其分地揭示文字的含义，帮助孩子理解文字的深层含义。孩子通过与书籍接触，了解熟悉图书，为以后的学习打下基础。

通常图书馆将针对这类人群的服务又进一步为 0~3 岁和 4~5 岁两个阶段。目前我国图书馆未成年人服务还没有延伸至婴幼儿，主要面向是 3 岁及其以上的孩子。国外图书馆的未成年人服务已经将婴儿和学步儿童包含在内。由于这类人群年龄非常小，通常需要由

---

①梁朝霞. 公共图书馆未成年人服务与保障途径探究［J］. 人文天下，2019（6）：69-71.

家长或监护人带领来图书馆，因此对这类人群的服务推广主要面向的是他们的父母和监护人。在英美等国家，图书馆会主动和社区的儿童保健中心合作，利用定期体检的机会向婴幼儿的父母发放宣传单，向此类人群推介图书馆相关服务，希望家长能够带领孩子参加本地图书馆的活动。

（2）学龄儿童

学龄儿童通常指的是小学到中学的学生。这个阶段的儿童开始入校接受法定的正规教育，开始系统地学习科学文化知识和社会知识，学校传授的知识成为他们主要的知识来源。他们同时拥有学校图书馆和公共图书馆，公共图书馆不再是他们唯一可以利用的图书馆。他们在开学期间每周的周一到周五有 5~8 个小时在学校学习和生活，因此相对于学前儿童来讲，公共图书馆针对这类人群的服务时间非常有限。针对学龄儿童的这一特点，公共图书馆重点利用周末和寒暑假时间开展服务，并将服务重心定位于学校教育的补充和辅助。

（3）青少年

青少年通常指的是12~18周岁的未成年人，国外也称为过渡期读者，他们是儿童向成年人过渡的一个阶段。这类人群比较特殊，他们不希望别人把自己看成孩子。这类人群处于青春期，比较叛逆、固执，想摆脱父母的看管，有自己的思想和见解，喜欢争论；对很多事物好奇，对自己也充满了好奇心，希望通过自己的努力去认识事物本来的样子；人生的价值观、世界观和个人信仰在这个阶段开始形成。对于图书馆服务而言，青少年是一个具备独立阅读能力的群体。他们既可能在图书馆打打闹闹，也可能如成年人一样长时间地在图书馆阅读书籍；既可能对图书馆员推荐的读物感兴趣，也可能愿意尝试寻找一本自己喜欢的读物。这一阶段的孩子阅读能力增强，他们开始阅读一些传记类、地理类和科学类的读物，喜欢故事情节比较复杂、文字描述比较细腻的图书，此外还喜欢阅读更新比较及时的期刊和报纸。

2. 有特殊需求的儿童

除了普通未成年读者，社会上还有一类特殊的儿童。他们不同于正常的儿童，在心理或生理方面存在着某种缺陷，图书馆需要为这类群体提供特殊的图书资源和服务。如针对视力有障碍的儿童，可以为他们提供有声图书或触摸图书，并配套提供朗读或讲故事的服务。在图书馆的设计和环境布局上，要考虑身体有障碍的儿童，保障他们能够同正常的儿童一样平等地获取图书馆的资源和服务。例如，在设计规划公共图书馆时，可以在馆外预留专门的残疾人停车位，入口处设置无障碍通道，选择合适高度的书架，配备专门的残疾人座椅和电梯以及临时用的轮椅，在洗手间等公共场所尽量考虑残障人士的需求。

3. 其他服务对象

公共图书馆的未成年人服务除了面向未成年人这个主要群体，同时还承担着为与其有密切关联的人群提供服务，通常这个人群范围比较广泛，他们同馆员共同关心和关注未成年人。

（1）家长或监护人

孩子的家长或监护人是图书馆未成年人服务必须首先面对的一类人群，他们需要配合馆员开展活动，使儿童能够积极参与相关活动，并确保儿童的安全。儿童能够使用图书馆、了解图书馆，与家长的图书馆意识有很大关系。很多家长会陪同孩子一起来图书馆看书、帮助孩子选书，这种亲子互动和良好的关系对孩子的成长非常有帮助。因此，公共图书馆应该在儿童阅览室内放置一些有关育儿方面的图书，供陪同孩子来图书馆读书的家长使用。实践证明，以孩子为切入点来带动家长关注和使用图书馆是一种很好的推广手段，有时一个孩子能够带动爸爸、妈妈、姥姥、姥爷、爷爷、奶奶等许多人光顾图书馆。

公共图书馆面向家长或监护人的服务可分三类：①儿童接受图书馆服务，家长或监护人以陪同、接送的角色来到图书馆。这时图书馆应该设计适合家长或监护人的项目，使家长或监护人能够进行符合他们需求的阅读。这样既能够使家长或监护人充分利用业余时间丰富自己的精神生活，也能够使未成年人服务不受或少受干扰，或为未成年人利用图书馆作出榜样。②儿童接受图书馆服务，需要家长或监护人的参与和配合，这主要是针对低幼儿童或特殊儿童提供的图书馆服务。这类服务需要家长或监护人参与，并配合图书馆员一起进行图书馆服务，甚至可能在儿童离开图书馆回家后继续进行图书馆服务。其实，现在许多公共图书馆开展的面向婴儿和学步儿童的服务就是同时面向家长与儿童的。③直接面向家长的图书馆服务。由家长来引导儿童利用图书馆服务往往能够取得很好的效果，这就需要提高家长利用图书馆的能力，培养他们利用图书馆的意识。因此，公共图书馆在设计未成年人服务项目时，可以设计直接开展针对家长的服务项目，如设立家长阅读专区，成立家长学校或家长俱乐部等。

（2）教师

对于学龄儿童，除家长以外，教师是他们生活中最有影响力的人。教师对图书馆的态度会影响到学生对图书馆的态度，教师对图书馆的熟悉程度也可能影响到学生对图书馆的利用程度，因此教师是公共图书馆未成年人服务关注的人群。图书馆与教师的密切配合，对于图书馆开展未成年人服务至关重要。一方面，许多教师为了更好地了解学生，会去图书馆主动了解与阅读儿童图书，成为公共图书馆未成年人服务的对象。图书馆应该为这些教师提供必要的帮助。另一方面，为了配合学校教学进度和教师备课需要，公共图书馆也会主动为教师提供一些教学参考资料，将教师纳入自己的服务对象。公共图书馆员可以与教师密切合作，了解课程进度，开展相似主题的读书活动。很多图书馆为未成年人提供的暑期阅读主题就是征求了教师的意见，并与学生的暑期作业相结合而产生的。为了满足学校课程需求，公共图书馆会增订复本，开展班级借阅活动。如北京西城区青少年儿童图书馆和石景山区少年儿童图书馆都开设了班级借阅窗口。此外，公共图书馆的班级参观活动也是与教师合作开展的，由教师带队以班级为单位熟悉和了解图书馆。针对学龄儿童的图书馆服务的开展离不开教师的支持和参与。

（3）儿童文学和儿童图书馆学专业的研究者

儿童文学专业主要以儿童读物为研究对象，儿童图书馆学专业的学生为了今后能够更好地为儿童提供服务同样也需要了解和熟悉儿童读物，因此这两类人群也成为公共图书馆未成年人服务的对象之一。各种题材、各种类型的儿童读物成为这两个专业的重点研究领域，开设相关主题的课程，进行系统的学习与研究。英国拉夫堡大学的信息科学学院开设的"儿童和图书"课程主要是对各类儿童读物进行研究，包括图画书、硬板书、平装书、精装书、小说、非小说、电影和电视改编版等不同题材。目前国外很多图书馆学专业下大多设有儿童图书馆学分支，儿童文学成为该研究方向学生的必修功课之一。一个好的儿童图书馆员必须同时具备图书馆学、儿童文学、儿童心理学和教育学等多方面的背景知识，对儿童读物的熟悉及了解已经成为儿童图书馆学专业学生必须掌握的一项基本技能。出于自己研究的需要和相关知识的积淀，这两类人群会经常光顾图书馆，成为公共图书馆未成年人服务的一类对象。

（4）儿童读物作家、出版者及其他从事儿童工作的人

作为儿童读物的创造者和生产者，需要了解儿童的阅读兴趣和阅读特点，掌握出版物的最新动态和发展趋势，因此也会经常光顾公共图书馆，成为公共图书馆未成年人服务的对象之一。有时为了让儿童了解更多图书之外的故事，公共图书馆经常会请一些作家与儿童交流，分享自己的写作过程，与儿童交流书中的人物以及自己最初的设想，这种与作家的见面会，往往会使儿童更加喜欢图书，引发对某种图书的阅读热潮。其他从事儿童工作的人群，为了更好地了解自己的服务对象，也会主动使用图书馆，阅读畅销的儿童图书，参与图书馆开展的活动，因此也是图书馆开展未成年人服务时需要关注的一类人群。

（5）其他对儿童读物感兴趣的人群

儿童读物因具有浅显易懂、图文并茂的特点，因此不仅受到孩子的喜爱，也受到许多成年人的青睐；因为每个人都曾经是孩子，都有自己美好的童年回忆。色彩鲜艳、文字简洁的儿童读物能够在某一时刻将他们带回自己的孩提时代。一些优秀的儿童读物往往并不缺乏对广泛且深刻的社会主题的揭示和映射，同样能够引发读者的思考。例如，1961年获

纽伯瑞儿童文学奖银奖的《时代广场的蟋蟀》就是一本成人也非常喜欢的儿童读物，因为蟋蟀柴斯特的故事引发了人们对友谊和生命的思考。在浅阅读和快速阅读盛行的今天，儿童读物以简单的情节、短小的篇幅、深度相对较浅的文字描述受到成年人的欢迎。一些识字较少、读写能力较差的人群也喜欢阅读儿童读物，因为这类图书阅读起来相对容易。此外，很多老人也喜欢阅读儿童图书，在某种程度上可能与老人的儿童心理有很大关系。因此，公共图书馆的未成年人服务还必须考虑到此类人群的需求。

（二）服务的组织形式

不同年龄段的孩子会表现出不同的心理和生理特点，为了迎合不同年龄段孩子的需要，图书馆应针对每个阶段孩子的发展特点提供不同类型的服务方式。

1. 婴幼儿服务的组织

婴幼儿包括婴儿和学步儿童，他们基本不具备阅读能力，婴儿甚至不具备独立的行动能力。图书馆的婴幼儿服务一般是让婴幼儿在他们父母、祖父母或其他监护人的带领下进行被动阅读。现代心理学和幼儿教育理论已经证明，通过被动地与书籍、声像资料或益智玩具的接触，婴儿和学步儿童能够更好、更快地形成阅读兴趣和阅读能力。

有组织认为："面向婴幼儿群体的图书馆服务至关重要。早期大脑发育研究表明，对婴幼儿说话、唱歌及阅读有助于他们语言能力的发展。婴幼儿身处的环境对婴幼儿早期阅读能力的培养起着极大的作用，因此大多数家庭希望在当地的图书馆获得一定的帮助。为此，公共图书馆应营造一定的阅读环境来激发婴幼儿的阅读兴趣并吸引他们走进图书馆。公共图书馆要努力营造一个舒适的、乐意提供帮助的环境氛围，使人们能够在图书馆和通过图书馆寻求答案、获取信息和技能。"

为了做好婴幼儿服务，图书馆需要有专门设计的服务场所，有受过专门训练的图书馆员，有针对婴幼儿服务的文献。婴幼儿图书馆服务对场地、馆员和文献资源的要求与针对普通儿童的服务有很大区别，这些资源的缺乏，特别是专业图书馆员的缺乏，成为我国公共图书馆很难开展婴幼儿服务的关键。

国际图书馆协会联合会所确定的图书馆对婴幼儿服务的部分具体目标包括：营造一个藏书丰富的环境来激励婴幼儿热爱阅读及书籍；培养婴幼儿的多媒体操作技能和动手能力；培养婴幼儿的语言能力；告知婴幼儿的父母等监护人阅读对促进婴幼儿语言及阅读技能的发展有着至关重要的作用；通过朗读，运用书籍、其他设施及育儿技巧等方式对婴幼儿的父母等监护人进行培训，以此促进孩子的学习能力的发展，并使父母掌握学前阅读技巧；运用公共图书馆中适合的工具和资源对父母等监护人进行培训；养成经常光顾图书馆的习惯，并养成终身阅读的习惯；为婴幼儿及其看护人提供聚会、分享及交流的场所；为婴幼儿及其家庭提供一个温暖、热情和安全的场所。

2. 学前儿童的服务组织

学前儿童处于阅读能力的逐步形成过程中，主动阅读能力和活动能力明显增强，成为图书馆最重要的服务对象之一。学前儿童逐步识字，有阅读的兴趣，已经有了明显的求知欲望，具备通过听故事、看图画书甚至阅读简单的文字读物获取书本知识的能力，愿意尝试从文献和语言中获得对外部世界的认识。学前儿童尚未进入正式的学校教育，相对学生而言有更多的时间进入图书馆。由于识字能力、阅读能力和阅读对象的鉴别能力尚未完全形成，他们往往需要在父母、图书馆员的帮助下进行阅读。无论这类儿童的家庭能否为他们提供较好的阅读机会和阅读指导，图书馆都能为他们提供阅读服务。图书馆对学前儿童的服务方式有很多，包括绘本阅读、讲故事、亲子阅读、参与阅读等。

3. 学龄儿童的服务组织

学龄儿童开始到学校接受正规的教育，他们按部就班地学习文化知识，接受学校为他们提供的阅读资料和阅读训练，因此他们对图书馆的需求是学校教育的补充。同时，学龄儿童每天约有 5~8 个小时在学校度过，放学后还有家庭作业、课外补习和专长培训，因此他们可利用公共图书馆服务的时间非常有限。这些特点决定了公共图书馆对于学龄儿童的服务具有特殊性。

学龄儿童又可分为小学年龄段和初中年龄段。小学年龄段儿童初步具备识字能力和阅读能力。公共图书馆应将为这一类人群提供的服务定位为学校教育的补充，其提供的服务应侧重于促进他们个性化发展，满足其阅读兴趣。图书馆可与学校共同组织图书馆服务，也应为自己到馆的读者提供服务。图书馆为小学生年龄段儿童提供的服务方式有班级访问、阅读指导、暑期阅读、木偶剧、手工制作等。初中年龄段儿童已经具备较强的阅读能力和自主行动能力，图书馆服务除了继续满足他们个性化阅读的需求，还应该侧重培养他们的信息素养，即培养他们利用图书馆的能力和获取信息的能力。图书馆应该创造条件，鼓励他们自主选择阅读方式和阅读内容。图书馆为初中年龄段儿童提供的服务方式有暑期阅读、书话会、参考咨询、益智活动、展览等。

4. 青少年的服务组织

青少群体开始完成由儿童向成人的过渡，他们希望不再被当作小孩子看待，他们开始关注社会、关注时事，喜欢讨论一些热门的、现实的话题，开始积极地探索和认识周围的世界，逐步形成自己的世界观、人生观和价值观。

对于这一年龄段的服务，以往在我国图书馆服务中也是一个盲区。人们或者不将这一群体纳入少儿图书馆的服务范围，或者将他们与初中阶段的学龄儿童同样对待。而在国际图书馆协会联合会的服务指南中，对这一群体有专门的指南。这一群体的服务特征处于成人服务和儿童服务之间，图书馆服务应该侧重培养他们的社会意识、公民意识和成人意识，除了对成年人的服务可以对他们开放，还可以为他们提供志愿者活动、讲座（关于择校、就业、两性话题等）、展览等。

二、未成年人服务的原则

（一）阶段性服务原则

阶段性服务原则是图书馆未成年人服务必须恪守的基本原则，是公共图书馆未成年人服务最基本、最重要的原则之一。阶段性服务原则要求图书馆针对不同年龄段的未成年人群体设计相应的服务，并且不同年龄段的未成年人服务之间能够有所衔接。未成年人是一个行为能力、心理心智和阅读能力不断发展的有机体，在不同时期心理、生理和脑认知等方面存在极大差异，这就使未成年人这个群体涵盖了从不具备自主的行动能力的婴儿和学步儿童到自主阅读能力完全形成的"年青的成人"等不同的人群。如果图书馆服务缺乏阶段划分，未成年人服务的服务人群就会相应缩小，服务质量大大下降。

阶段性原则体现了图书馆未成年人服务与成年人服务的差异。一个 30 岁的读者可以阅读一个 50 岁读者的图书，但我们却不能奢望一个 3 岁的孩子去阅读 12 岁孩子的图书。20~80 岁的人能够自主阅读，他们的阅读方式基本一致，而不同年龄段的儿童阅读方式则完全不一样：0~3 岁儿童是被动的、在监护人陪伴了的阅读；4~6 岁儿童仍需要陪伴，但有了主动接受知识的能力；7~13 岁儿童开始学校生活，图书馆对他们的服务主要集中在周末和假期；14 岁以上儿童有了强烈的自我意识，他们更愿意像成人一样自主选择阅读内容。因为不同年龄段儿童的身体发育情况、掌握的技能、具备的能力和关注的重点都不一样，图书馆如何针对不同年龄段的孩子设计不同的服务，成为儿童图书馆学最重要的研究课题。国内外图书馆根据不同年龄段孩子认知水平的发展，设计了丰富多彩的图书馆活动。一般而言，服务对象的年龄阶段划分越细，项目设计越多，则表明该图书馆的服务水平越高。

（二）安全性服务原则

安全性服务原则是图书馆未成年人服务非常强调的一项基本原则，确保未成年人的安全也是图书馆未成年人服务的前提。在为未成年人提供图书馆服务时，务必将安全性服务原则放到重要位置。低幼儿童大多不具备自理能力，安全意识比较薄弱；而青少年则喜动、好尝试，容易出现安全问题。此外，一旦出现未成年人服务的安全问题，图书馆在处理此类问题时比成年人更加急迫与复杂。

（三）多样性服务原则

图书馆未成年人服务一定要丰富多彩，形式多种多样，以吸引不同年龄、不同家庭背景、不同智能水平与个人能力、不同兴趣爱好的儿童积极走进图书馆。多样性服务原则也是国际社会倡导的图书馆多元文化服务的基本要求。

多样性服务原则要求图书馆未成年人服务注意以下几个方面。

1. 服务对象年龄的多样性

处于不同年龄段的儿童有不同的心理、生理特点，对图书馆的需求有很大不同，因此图书馆要为每个年龄段的孩子提供适合他们自身发展需要的多种服务，保障每个孩子都能找到自己喜爱的服务和活动。通常图书馆会为孩子提供适合其发展需要的多样性服务。例如：为婴儿和学步儿童提供认识自己等活动；为学前儿童提供讲故事、亲子阅读和大声朗读等活动；为学龄儿童提供班级访问、阅读指导、暑期阅读、木偶剧、手工制作等活动；为青少年提供暑期阅读、书话会、参考咨询、益智活动和展览等。

2. 服务对象智力和能力的多样性

图书馆除了应该为家庭状况较好的儿童和健康儿童提供正常的服务，还应该为家庭条件较为困难的儿童、阅读困难儿童和社会交往困难儿童等提供特殊的服务。例如：图书馆开展竞赛类活动能够提升健康儿童和高智商儿童的阅读兴趣，取得很好的示范效果；而也有很多儿童因为自身条件的限制无法参加此类竞赛，因此图书馆还应该根据他们的实际情况设计其他活动，保证活动类型的多样化。

（四）平等性服务原则

未成年人同成年人一样是一个独立的个体，拥有各项权利，未成年年人应该与成人一样享有平等使用图书馆的权利，不能因为年龄的问题受到任何限制。图书馆未成年人服务的平等性原则服务主要体现在未成年人能够自由地使用图书馆及其拥有的各种资源、提供的各项服务，享有与成年人同等的权利。

（五）便捷性服务原则

为读者提供就近便捷的服务是公共图书馆追求的服务目标，这一目标对于未成年人方便、快捷地享有图书馆的各项服务显得尤为重要。便捷性服务要求公共图书馆的服务点必须设置在未成年人容易到达的地方，包括儿童所在社区或学校附近，不能因为距离问题给他们使用图书馆造成障碍。

理论上，由于未成年人的行动范围较成年人更小，图书馆未成年人服务对于就近便捷服务的要求理应更高。未成年人服务应该比公共图书馆通常规定的"15分钟服务圈"或"1公里服务半径"有更多的服务点，才可能满足未成年人就近便捷的服务要求。当然，事实上由于受公共图书馆服务资源的制约，未成年人服务点一般不可能多于成年人的服务点，但是，至少社区的图书馆应该面向未成年人开放，才有可能满足未成年人服务的便捷性要求。

除了图书馆服务网点的数量，图书馆未成年人阅读空间在图书馆的位置、阅读空间的大小和高度、书架的高度、馆内各种指引与标识等，都是图书馆未成年人服务中应该仔细考虑的问题。

三、未成年人阅读活动的组织和推广

（一）未成年人阅读推广的意义

阅读对未成年人来说至关重要。英国哲学家培根说："读书可以陶冶个性，每一种心理缺陷都可以通过聪明的阅读来弥补。"未成年人阶段是人的心智、知识、能力、世界观和价值观逐步形成的阶段。阅读是提升未成年人学习能力、开发智力、培养科学精神和完整人格的重要手段，是传承民族文化，帮助未成年人了解和适应社会的重要渠道。未成年人是祖国的希望和未来，从小养成良好的阅读习惯，一生会受益无穷。儿童早期阅读推广活动是不折不扣的"国家工程"。

儿童时期是养成阅读习惯的最佳时期。儿童教育学和发展心理学研究表明，学习的关键期在幼年，阅读习惯的建立也比早期更有效。儿童从3~5岁开始就喜欢聆听生活趣事和见闻，并喜欢从故事中寻求熟悉的人、事、景、物。6~12岁喜欢课外读物，也开始发展阅读能力。儿童时期，孩子对周围的事物充满好奇，他们想象力丰富，正是学习和建立正确观念的最好时期，若能为儿童创造良好的阅读环境，并告诉他们正确的阅读方法，帮助他们养成良好的阅读习惯，将为他们的终身发展奠定良好的基础。因此，家庭、学校、图书馆可以为未成年人制订阅读计划，让儿童享受阅读的乐趣，并从阅读活动中获得阅读的兴趣与能力。

对于公共图书馆服务而言，要培养未成年人的阅读技能和阅读兴趣，必须因人而异因地制宜地开展未成年人阅读推广活动。公共图书馆开展未成年人阅读推广活动的意义体现在以下几点。

第一，适应未成年人生理心理特点，以活动带阅读。很多未成年人的阅读习惯尚未形成，他们无法接受较长时间的"静读"，也无法较长时间以一种方式阅读。对于这些未成年人，图书馆组织形式多样、内容丰富的阅读活动可以满足他们的阅读需求，使他们的阅读能力和阅读兴趣能够在参与活动的过程中得到提高。图书馆读者中还有相当一部分低幼儿童，他们处在心智发育的重要时期，但还不具备文字甚至图画书的阅读能力，图书馆的阅读活动应能帮助他们接触阅读、亲近书本，而阅读活动是引导他们阅读的一个主要方式。

第二，适应未成年人服务的特点，有区别地引导阅读。从完全不具备自主行动能力的婴儿到"年轻的成年人"，几乎每个年龄段都有其阅读特点。即使同一年龄段的儿童，由于他们的性别、家庭教育、监护人不同，他们需要的服务不同。这导致未成年人服务具有多样化特点，而图书馆的未成年人服务空间与服务设施一般只能设计成两三种不同类型，有些基层图书馆甚至只能有一种简单的未成年人服务场地。因此，只有通过开展形式多样的阅读活动，才能为不同的未成年人群体提供服务。

第三，发挥未成年人阅读的辐射效应，引导更多的人走进图书馆。未成年人阅读活动的主要受众是未成年人，但年龄较小的未成年人通常需要由父母或其他人陪同才能参加图书馆的阅读活动，因此图书馆针对未成年人的阅读活动应将阅读推广效应辐射到未成年人的父母或其他陪同人。例如，低幼儿童的亲子阅读活动不但能够使儿童逐渐喜爱阅读，同时也能使他们的父母学会通过书本与儿童交流，并感受儿童读物中的智慧与情操。

第四，有助于调动更多的社会资源，推动全民阅读。公共图书馆组织未成年人阅读活动有利于充分发挥公共图书馆教育和服务读者的功能。政府应该提供足够的政策资源和公共服务来促进儿童阅读推广活动的开展，重视对学校教育资源的整合利用，积极支持学校与社会团体和公共图书馆的联合，使阅读活动丰富多彩、有声有色；积极打造公共图书馆的服务平台，延伸服务触角，提倡在中小学及大学开设阅读导读课程，要在中小学及大学开展多种形式的阅读活动，如举办读书月、读书周、阅读报告会等活动；应向学生传授必要的阅读方法和技巧，帮助学生制订阅读计划，并实施在计划的过程中提供必要的帮助；整合资源打造联动阅读环境，馆、校、家三方共促未成年人阅读行为，培养终身学习型国民，营造书香社会，共享书香人生。

（二）未成年人阅读活动的组织特点

1. 阶段性

未成年人是一个行为能力、心理智力和阅读能力不断发展的有机体，不同年龄阶段拥有不同的阅读心理特点和阅读发展需求，这就要求公共图书馆针对特定发展阶段的未成年人设计组织风格各异的阅读活动。例如：婴幼儿的阅读不仅是视觉的，也是听觉的，甚至是触觉的；学前儿童阅读活动主要以体验式为主，融合绘画、说话、音乐欣赏、手工、拼图、表演等形式；针对学龄儿童，在引导性阅读的基础上强调开始培养自主阅读能力，同时通过亲子阅读和集体阅读培养阅读兴趣和阅读方法；青少年的阅读活动主要集中在兴趣阅读和课外延伸阅读方面。通过活动搭建阅读交流分享平台，培养个性阅读计划。

2. 广泛性

儿童阅读推广是一个复杂的社会系统工程。公共图书馆应根据不同年龄段儿童的特点组织未成年人阅读活动；应组织服务于相应整个地区的少年儿童、家长及儿童工作者；应积极与各机构加强横向、纵向合作，争取获得更大的社会影响力，获得社会普遍认可，以求阅读推广活动良性循环发展。

从儿童读物的生产与流通过程来看，儿童阅读问题涉及儿童图书的创作与出版、儿童图书的推荐与评论、儿童图书的销售与购买以及使用等环节，是纵向系统。从儿童阅读的空间来看，儿童阅读问题涉及家庭、幼儿园、学校、社区、图书馆、书店等阅读场所，是横向系统。学术研究、媒体、政府对儿童阅读推广的所有环节和所有空间都会产生影响，因此成为综合系统。在这个系统中，各个子系统共同构成儿童阅读推广系统的有机总体，子系统之间互相影响。国内外经验证明，只有政府、学校、家庭、图书馆、媒体、民间组织等各方力量与儿童读物的创作、出版、评论、使用等各环节协作推动，才能真正有效地推广儿童阅读。因此，公共图书馆界应该保持开放的视野、宏观的高度，摆脱封闭的行业局限，既要充分认识到公共图书馆在儿童阅读推广系统的位置和独特性，也要充分了解其他系统的作用、现状与动态，与教育界、出版界、儿童文学界、评论界、心理学界、研究界、媒体、家长等建立良好的互动，充分发挥合力，共同推广儿童阅读。

3. 引导性

成年人的阅读兴趣、阅读习惯与阅读品位一旦形成就很难受外界影响；儿童则不同，少年儿童的心智还未成熟，对图书资源的选择缺乏正确判断，阅读内容与阅读技巧都需要引导和告知。儿童有强烈的从众心理和崇拜心理，喜欢群体活动，同龄人、家长、教师等人的阅读体验更能激发他们的情感共鸣和竞争意识。公共图书馆可基于对少年儿童的阅读心理分析，通过书目推荐、讲故事等一系列阅读活动引导少儿读者选择合适的、优秀的图书，以培养其良好的阅读习惯。公共图书馆应积极为儿童打造一个良好的阅读环境，使其获得良好的阅读引导与培养，这样的儿童成年以后往往能保持终身阅读的习惯。

4. 趣味性

儿童的生理和心理特点决定了他们的阅读过程必须具有趣味性。只有让儿童在阅读中不断地感受到乐趣，他们才会对阅读产生兴趣。以讲故事这种儿童的认知水准能够接受的形式将他们引入图书的美好世界，他们最能接受，也最能对阅读产生兴趣。例如，通过提问、续说、角色扮演、制作图画书等方式，让孩子在"说"故事、"演"故事、"画"故事甚至"玩"故事的过程中享受阅读的乐趣。此外，图书馆还可以实行阅读奖励计划，将图书按难易程度分级计点，孩子读完相关图书后可获得相应点数，累积到一定点数就可以换取奖品，此举能够在一定程度上激发孩子对阅读的热情，大大提高图书的借阅量。图书馆举办的阅读活动应是备受少儿读者喜好和关注的，形式应是多样变化和生动活泼的，这样才能抓住少儿读者的眼球，激发少儿读者的参与热情。

5. 持续性

阅读是一项高尚的心智锻炼，少年儿童阅读能力的提高是一个渐进的过程。图书馆应该结合当地实际，定期开展未成年人喜闻乐见的阅读辅导课、专题演讲、知识讲座、读书品评、美文欣赏、诗词朗诵、科普竞赛等各类读书活动来吸引未成年人参加，并使之常规化、高频率化。活动模式可以固定，但是活动内容应丰富多样，且应及时更新，让未成年人乐读、多读、会读、好读，力图寓教于乐、寓教于学、寓教于知，让好书充实未成年人的青春岁月，锻炼其心智、陶冶其情操、净化其灵魂，让他们在阅读中健康、幸福、快乐地成长，即以长期的量的积累引起少儿读者阅读能力质的提高。

四、未成年人服务与社会合作

（一）未成年人服务与社会合作的目的与意义

1. 未成年人服务与社会合作的目的

由于图书馆职业特性和职业人员个性及当今图书馆现状的局限性，加之社会分工日趋多元化、细分化、专业化，整合资源、互惠互利、建立合作、实现共赢已是诸多行业战略发展中寻求的契机。公共图书馆应确立合作的理念，寻求合作的机会，通过合作共赢获得可持续发展。合作是双方或多方相互借力、彼此共赢的好办法，因为在合作过程中，双方或多方均会创造新的增值点，实现合作价值的最大化。

随着社会分工的细化、专业化，图书馆与社会各领域的合作、与各方资源的共建共享已是大势所趋、人心所向。图书馆事业的发展已不再局限于传统的收集文献、借阅服务，而是保存文献资源，挖掘文献知识，活化知识，传播知识，培养图书馆意识、阅读意识、阅读习惯、阅读兴趣，依托各种载体举办各类活动，推进全民阅读。现阶段，图书馆面对的挑战来自社会各方面、各领域，怎样在这样的环境下求得生存和发展，在更广阔的领域开拓新的共享途径和服务合作机制，全面提升为读者服务的品质，这是图书馆界亟须解决的难题。未成年人服务作为公共图书馆和专业少儿图书馆的核心业务之一，面对数字化、网络化、社会化的浪潮必须调整工作思路，走合作共赢的道路。合作是为了共赢，更是为了做大做强图书馆事业，更好地为社会提供高品质的服务。

2. 未成年人服务与社会合作的意义

由于受图书馆职业使命的驱使，关心未成年人的成长，为他们的身心健康和发展创造良好的条件与社会环境是公共图书馆义不容辞的职责。公共图书馆开展未成年人服务，实现目标最大化的前提是与社会各方开展合作。

公共图书馆要切实地、科学地了解未成年人的成长规律，认识和把握未成年人服务的本质和目标，努力倡导健康的服务理念，为未成年人创建优良的服务环境，提供优质的服务资源，还原未成年人服务的真正本质，使未成年人成为终身读者、忠诚的阅读者。但受图书馆自身能力的局限，图书馆未成年人服务研究滞后于未成年人服务实践，导致未成年人服务实践缺乏科学理论、方法支撑，未成年人服务理论滞后、未成年人服务盲目、未成年人服务效果不佳的现象比较普遍。由于公共图书馆与宣传、文化、教育部门以及出版发行机构等社会团体的社会责任和目标有共同之处，因此图书馆在开展未成年人服务时可以与有共同目标的社会团体合作，迅速获得所需的资源、技术、方法和能量，形成资源、能力的互补，取得最大效益。整合社会资源，借力发展，与社会团队携手合作，是一条互补共赢之路。

（二）未成年人服务与社会合作的对象

图书馆未成年人服务是一个系统性的社会化工程，要想为未成年人提供高品质的服务，单靠图书馆的力量远远不能满足未成年人的需求；只有将未成年人服务放在社会大系统中，将图书馆未成年人服务的上下游及各个环节充分结合起来，整体互动，合作共赢，才能真正为未成年人提供更好的服务。

学校是图书馆的重要合作伙伴。学校以其独特的优势对在校学生有着巨大的号召力、动员力，因此可以将图书馆意识通过学校准确地传达给学生，让更多未成年人尽早认识图书馆、了解图书馆、走进图书馆。所以，各级学校是图书馆的重要合作伙伴，是对未成年读者宣传图书馆服务的重要场所。

保健中心、看护中心、幼儿园以及其他看护机构也是图书馆必要的和值得争取的合作伙伴，尤其是在针对未成年人父母开展的阅读推广活动中，这些机构往往能启蒙幼儿的图书馆意识、阅读意识，并激发他们的阅读兴趣、培养他们的阅读习惯，从而在未成年人心里早早种下阅读的种子。

与媒体、作家尤其是儿童文学作家的合作能有效提升图书馆未成年人服务的广度和深度，通过媒体的宣传和作家的知名度，可以影响更多的未成年读者参与到图书馆活动中来。媒体、作家往往都具有很高的社会知名度和影响力，与他们的合作将提高图书馆的社会地位，有利于品牌形象的树立和推广。

与图书馆相关联企业，如出版社、图书公司、发行企业、数字动漫企业、软件开发企业等密切合作，能够使图书馆获得更加有针对性的产品和服务，有利于图书馆事业的发展。

公共图书馆未成年人服务与社会合作是全方位、立体的，图书馆可合作的对象也很多，如宣传部门、文化部门、教育部门、妇联、团委、民政部门、卫生部门、社会科学界联合会、中国科协技术协会等政府部门以及社会团体、志愿者协会、企事业单位。另外，社区、家庭是图书馆未成年人服务中重要的、不可缺少的合作对象，与他们的合作可扩大图书馆未成年人服务的外延。

（三）社会合作的常见类型

由于各职能部门职责不同、资源优势不同，因此要了解不同职能部门的特点，掌握各职能部门的运作规律，把握与各职能部门合作的切入点，方能达成有效合作。

1. 未成年人服务与民政部门合作

家庭是社会基本的细胞，家庭诞生之时灌输家庭阅读意识对家庭和谐的影响巨大。为此，未成年人服务可与民政部门合作，在家庭诞生之时奉上阅读小礼包，开启家庭阅读第一课，为新婚夫妇提供和睦幸福家庭类书籍、充满温暖与感动的书籍、优生优育胎教类书籍、亲子教子类书籍。最重要的意义在于图书馆可以提前介入新婚之家，不仅能让新婚夫妇感受到图书馆的关爱，更能对下一代孩子的成长产生一定的影响。

2. 未成年人服务与医疗机构合作

与医疗卫生机构、计划生育部门合作，向新婚夫妇赠送产前阅读礼包，提供优生优育类书籍，举行健康讲座，在产前教育中对孕龄妇女开展胎教阅读活动及为新婚夫妇提供婚育指导。通过这些活动让更多的人了解优生优育知识，也是图书馆未成年人服务的内容，是从源头上为即将出世的未成年人提供良好的健康保障。

在新生儿降生之际，送上新生儿阅读礼包，既能表达图书馆人的祝福，又能开启阅读启蒙篇章。阅读要从娃娃抓起，在有良好家庭阅读氛围里出生的孩子，爱上阅读的概率就越大爱上阅读，会对孩子的一生具有重要的影响。

3. 未成年人服务与政府有关部门合作

政府职能部门是资源的巨大拥有者，有着强大的号召力、动员力和协调力，在举措实施、战略部署上容易达到较好的社会效果。公共图书馆是国家从制度上为了保障公民自由获取信息的权利（文化权利），从知识与信息的角度维护社会的平等与公正而设立的，图书馆的发展离不开政府政策、人力、物力的支持；同时，图书馆的任何一个举措均代表了政府为公民均等化服务的理念，因此图书馆人要凭借智慧、专业赢得政府职能部门的支持。发展图书馆事业需要图书馆从业者高度重视与政府有关部门的合作，让图书馆工作不再是边缘工作，而是政府为居民提供普遍、平等服务的重要窗口。

（1）立足本职，专业立馆，赢得尊重

从"有为"到"有位"，以服务成绩换取服务资源，博取社会地位，赢得政府的关注和支持。从政府层面上来看，关注未成年人就是关注祖国的未来。图书馆未成年人服务着眼于推动未成年人服务实践，着眼于培养未成年人阅读意识、阅读兴趣、阅读习惯、阅读方法，提高他们的思维能力、明辨是非的能力，最终提高未成年人的综合素质，推动国民素质的提高。只有这样，公共图书馆才能以专业赢得尊重，才能在社会上立足。

（2）配合发展，专业创新，获得重视

在文化强国战略目标的指引下，各地文化建设及发展高潮迭起，政府同样需要图书馆等文化部门展示出深刻的文化内涵，提出推进城市文化发展的思路及举措。公共图书馆若能以职业的敏锐性和专业性提出为未成年人服务的方案，势必会引起政府的重视和支持。

（3）寻求机会，开展公关，增强合作

了解政府不同职能部门的工作重心，找出合作点，主动出击，提出思路，积极沟通，争取合作。借助不同职能部门的行业影响力，增强公共图书馆为未成年人服务的辐射力和社会效果。

（4）充分展示和宣传，提升自身形象

把握契机，从培养未成年人阅读理念着手，深度开展系列、递进、专业、影响力大的各类阅读活动；同时精心包装，充分地向政府有关部门展示工作成果，加深其对图书馆各项阅读推广工作的了解，提升图书馆的社会形象和专业地位。

4. 未成年人服务与幼儿园、中小学校合作

公共图书馆具有社会教育功能，是学校教育的补充，是除学校之外未成年人另一个重要的学习场所。在公共图书馆的读者群中，未成年读者的比例较高，是公共图书馆最重要的读者之一。未成年人一旦与公共图书馆建立良好的关系，并养成利用图书馆的良好习惯，无异于打开了可供其自由遨游的知识海洋，同样，这些未成年人长大后也会是公共图书馆的忠实读者。因此，公共图书馆如能与幼儿园和中小学校密切合作，让学生了解图书馆提供的服务，对公共图书馆服务事业的拓展是很有好处的。

未成年人处在世界观、人生观和价值观形成的关键时期，需要正面引导与教育。在资源的开发、采集等方面，公共图书馆要充分考虑他们的特点和需要，选取那些思想性、知识性、趣味性、科学性强的资源进行整理加工、分析、综合，产生新的、健康有益的信息，为未成年读者提供优质高效的服务。由于新鲜、有趣的环境往往对未成年人具有极大的吸引力，因此图书馆未成年人服务可充分利用环境的变化吸引他们进入图书馆，针对他们的心理特征和个性化需求，对室内装饰、阅览桌椅、图书排架等进行整体策划，体现"硬环境"的特色化；同时，尽量要求工作人员利用自己的爱心、耐心呵护未成年人，从"软环境"方面为未成年读者营造良好的读书氛围。

由于公共图书馆未成年人服务与幼儿园、中小学校的服务目标一致、对象相同，因此公共图书馆未成年人服务与幼儿园、中小学校的合作最密切、最频繁。公共图书馆未成年人服务与幼儿园、中小学校可采取多方位合作。例如：意识培养，主要指培养未成年人的公民意识、图书馆意识、阅读意识、阅读习惯、阅读能力；可通过"图书馆之旅""走进图书馆""图书馆零距离""图书馆阅读推广进校园"等活动启蒙未成年人的图书馆意识和阅读意识。又如：合作建馆，采用总分馆形式在学校设立分馆，设立公共图书馆学校服务点；合作推广，举办班级读书会、故事会、读物情景剧、征文比赛、亲子阅读、经典诵读等活动。

图书馆作为未成年人的"第二课堂"学校文化教育的重要阵地，可以通过加强自身的基础设施建设来提高图书馆的利用率，为未成年人提供优质的服务，吸引未成年人把目光放在这巨大的信息文化宝库中，让他们养成到图书馆学习的习惯，这是培养图书馆意识的关键所在。

5. 未成年人服务与作家合作

少年智则中国智，少年强则中国强。厚爱未成年人就是厚爱我们的国家和民族的未来。让未成年人在阅读中成长，在阅读中丰富，在阅读中提升精神品位；但是没有书或者说没有好书，提高心智从何谈起，未成年人服务更无从做起。在知识传播的精神产品链中，作家是上游，好的作品可以直接影响人心智的成长。未成年人应加强与文学作家、科普作家的联系与沟通，反馈少儿读者阅读喜好，或尽可能与作家面对面交流。作家是源头，读者是终端，通过互动在作家和少儿之间搭起一座沟通的桥梁，展示作者的思想、魅力，让作家倾听少儿的心愿，让少儿走近喜欢的作家。

6. 未成年人服务与出版发行机构合作

未成年人阅读兴趣、阅读习惯的形成与图书创作、出版发行、推广与引导关系密切。图书馆开展未成年人服务与出版社之间不是简单的出版、购买关系。图书馆与出版社处在出版发行—图书馆—读者同一知识传播链上，两者有着共同的目标和共同的利益。与出版发行机构合作，一是可以及时获取最新的图书出版信息，充分选择、主动采购适合所服务的未成年人的图书文献；二是及时反馈未成年人图书文献阅读的喜好、趋向，便于出版机构掌握未成年人阅读兴趣，将阅读服务提前至选题层面。

（1）联手调查

双方联手做好少儿阅读需求调查，获得第一手资料。

（2）联手研究

研究少儿思维特征、身心特征、阅读特征和习惯特征，相对地确定出不同特征下适合少儿的读物；建立分级阅读体系；研究出不同情绪、不同成长阶段易碰到的问题相对应的阅读书目，使每一个孩子都有一个适合自己的循序渐进的阅读书目；出版时进行分级指导并在书上注明图书馆分级展示。

（3）联手推动

双方发挥各自优势，将出版社的图书推销品牌活动及作家推介活动与图书馆全年阅读推广计划结合起来，促进少儿阅读的深化。

（4）联手推出出版物配套产品

从婴幼儿到未成年人各个年龄段都能找到相适应的读物。例如：历史、科普、人物传记、各类小说等多体裁系列读物；影像资料、有声读物、音乐制品；与书配套的玩具、与阅读配套的游戏、与手工配套的图书等；与学校课程配套的读物（教辅）。相关费用由出版社自理，也可以由双方共担。图书馆和出版社之间在推广计划上的互动可以极大地提升阅读对少儿读者的吸引力。馆社互动，推进少儿图书的推广，为未成年人读者提供更多的优质阅读服务，也为图书馆事业和未成年人出版业的发展带来新的机遇。

"全国少儿公共阅读论坛"是由中国图书馆学会、中国出版工作者协会少年儿童读物出版工作委员会联合图书馆报共同主办，立足打造一个"促进少儿文献资源建设，推动少儿阅读深入开展"的全新平台，是图书馆事业与出版产业相互融合、共同提升、实现多赢的桥梁和平台。论坛价值对图书馆界而言，加强与出版界、作家的互助与合作，将阅读指导前移到选题层面，必将能够更加深入地开展针对广大未成年人的全民阅读活动，提升图书馆阵地服务的价值；对出版界而言，结合少年儿童的实际，拓宽渠道，开辟市场，能够为少年儿童提供更多、更好的原创作品。

7. 未成年人服务与媒体合作

当前媒体多样化、互联网普及化、新闻传播时效化，为未成年人阅读推广提供了更广阔的舞台。媒体宣传的过程也是阅读推广的过程。图书馆要善用媒体，加强与媒体沟通，让媒体准确而有深度地报道。

（1）善用媒体实现共赢

要想让图书馆未成年人服务吸引媒体，引起市民关注，在策划时既要不改变阅读推广的初衷，又要站在媒体和未成年人阅读心理的角度进行设计。除常规循序渐进地推广外，还要紧抓暑期、黄金假期、政治与社会大背景、大事件策划等具有新闻价值的活动，扎扎实实地宣传未成年人服务工作。公共图书馆要善用媒体，通过媒体将图书馆的专业思想与社会发展中的某些诉求的契合、图书馆的某项重大创新对社会发展的推动、某项贴近民心的服务举措公之于众。

（2）善待媒体，和谐共处

与媒体合作是一把"双刃剑"。正面的报道能够提高图书馆的声誉，提升关键受众的信任感；负面的报道能够降低图书馆的信誉度。因此，无论是正面报道还是负面报道，或报道失实，图书馆都要冷静处之。图书馆要想发出自己的强音，首先要树立自己的公众形象、专业形象，积极维护自己的信誉。要经常与媒体沟通，尤其是与媒体管理者及主管文化线的记者保持沟通，让媒体了解图书馆未成年人服务工作的真实情况，准确地把自身的服务理念、目的、意图传达出去，这样媒体才会对图书馆进行积极的新闻报道。出现负面报道或失实报道时，图书馆相关人员要善意地向媒体解释、说明情况，让媒体在适当的时机予以更正，弥补过失。此外，还需要指定对外发布新闻和提供报道材料的部门和人员，以保证报道的准确、真实。

（3）善于包装宣传展示

图书馆要改变以往埋头苦干、不善宣传的习惯，要善于包装，不失时机地展示推广自己。可通过媒体向社会传递信息，如举办新闻发布会、邀请媒体参与活动、与媒体共同主办活动、主动提供有新闻价值的素材（除文字表述外，还可以发送新闻图片，一张好的图片是一种优秀的宣传工具），阐明专业意义；确保素材生动有趣、新颖独特、意义深远，避免新闻稿件千篇一律，以及进行浅层次的报道。

8. 未成年人服务与企业合作

（1）合作对象的选择

图书馆未成年人服务与企业合作时可供选择的合作对象包括：首先，考虑重视企业文化建设的企业，这些企业一般在规模和发展上已经步入正轨，企业有自己的文化愿景，就有可能、有余力参与公益性文化建设；其次，考虑热心公益慈善事业的企业，这类企业在做好企业工作的同时热衷公益，说明他们有实力从事文化活动；再次，考虑关注未成年人成长的企业，有关注才有共同的目标；最后，考虑专门生产与未成年人日常生活、学习用品等紧密相关的企业，这类企业为了提升市场占有率或者树立企业形象，一般比较热衷于公益文化事业，特别是图书馆未成年人服务与企业的消费群体目标一致，大大提高了这种合作的可能性。图书馆相关人员应了解拟争取合作对象的推广目标、推广重点、推广计划，然后策划出能提高企业文化、市场份额、社会影响力的活动方案，以促成合作取得成功，并努力寻求回报企业的途径。

（2）合作方式的选择

在图书馆业务工作中，业务外包是一种新型的合作方式，它是资源配置的一个增值过程。图书馆可将部分工种、服务外包，如后勤服务、书目数据采集、图书加工、数据库制作等均可采用外包形式。通过整合、借力，促进图书馆核心业务的发展，提高图书馆社会服务能力。

业务外包这一现代企业经营管理方法在最近十几年在图书馆界得到了广泛应用。图书馆将非核心工作通过合约外包给社会机构来完成，从而降低成本、节约人力资源、提高工作效率、提升竞争优势，以便集中自身的力量搞好基础建设，加强核心工作。业务外包在图书馆的应用主要集中在事务性的加工工作和采编工作。随着信息时代的到来和图书馆服务功能的变化，业务外包在图书馆的应用将日益广泛，有着更大的发展空间和意义。业务外包这一经营管理方法已日益受到图书馆界的重视，是正在形成的一个趋势。

业务外包作为一种新型的图书馆与社会合作模式，对于提高图书馆的服务效率、促进图书馆的重心转移、发挥图书馆的竞争优势具有重要的作用；然而，任何事情都有其两面性，业务外包也存在一些缺陷，如直接购买图书馆管理系统的最大缺陷是容易使图书馆工作人员对外部技术产生严重的依赖。业务外包不是"一脚踢"，而是要全程介入，本着培养和锻炼本馆人才的目的，把握好业务外包的度，充分发挥其积极优势，最大限度地减少负面效果。只有这样，才能真正推动图书馆与企业的合作。

第四节　公共图书馆读者服务工作优化

一、读者服务工作的变化

在探讨图书馆读者服务工作的发展趋势之前，我们有必要先了解一下现阶段图书馆读者服务工作的变化。因为只有根据其变化，我们才能得出其发展趋势。

图书馆变革的根本原因是图书馆是发展的有机体，图书馆是开放的社会机构。因为是发展的有机体、开放的机构，就必然要从周围环境中输入新元素，并在图书馆"肌体"内消化代谢，生成新的可以向社会输出的产品和服务，并将社会对它的反映再反馈回"肌体"内部。因此，随着社会的发展和技术的进步，图书馆的基本功能随着社会的发展延续了下来，但是它与社会关系的集中体现——服务，无论是作为制度基础的法律，还是实践的基本内涵，如服务的内容、方式和方法却在不断的变化和变革中。

当今社会是一个网络信息社会，网络在人们的学习和生活中占有愈来愈重要的位置。置身于此的图书馆服务，尽管还存在许多传统管理方式，但服务途径和手段与过去相比已有巨大变化。

(一) 图书馆服务环境的变化

知识经济的不断发展，加快了知识创新的速度，促进了信息的交流与利用，人们的信息需求不断增加，对图书馆信息服务提出了新的要求。由于受到社会环境变化的影响，图书馆服务环境也发生了重大变化。

在网络信息时代，用户可以不受时空的限制，通过互联网可以检索到所需的各种信息，甚至可以方便快捷地下载和浏览全文文献和多媒体信息。随着宽带网进入家庭，用户坐在家里就可以获得信息、接受远程教育、欣赏文艺节目等。网络环境为图书馆工作提供了一种新型的、快捷的、跨时空的信息服务方式。传统图书馆"坐等上门"的服务局面，以及"借借还还"的服务方式，已经不能适应网络时代的读者要求。为此，各种类型的图书馆都在寻找自己的立足点和生存空间，千方百计地改变服务工作，拓展服务领域和内容，以适应环境的变化。最显著的变化是几乎所有的图书馆都安装了计算机设备，建立供用户使用的公共计算机查询系统，开展了网上预约外借、网上咨询服务等项目。

(二) 图书馆服务需求的变化

传统图书馆是以文献为服务单元，注重读者群体概念，以向用户提供印刷型文献信息为主，读者所需的文献只能到图书馆查阅，图书馆服务工作和用户信息需求均受到一定程度的限制。在网络环境中，用户的信息需求发生了根本性变化，人们已经不再满足图书馆提供一部书、一篇文章，而是要求提供某一特定信息、某一事物、某一主题的知识信息。图书馆服务范围也随之发生较大的变化，从提供印刷型文献，发展到提供知识信息、多媒体信息、多载体信息，也就是说从传递文献信息发展到传递知识信息。现代图书馆是以信息为服务单元，强调以人为本的个性化信息服务，即满足读者个性化和多样化的信息需求，提供差别信息服务。当然，传统的文献服务也并非不存在差别，但那种差别是建立在读者群体基础上的，而现代图书馆的信息服务差别是建立在不同的读者个体上的，是建立在直接性、多样性和个性化基础上的，即根据读者各种不同的个性化信息需求，实行个性化定制服务。

（三）图书馆服务技术手段的变化

传统图书馆长期采用手工操作，无论是采访、编目、典藏、阅览，还是咨询工作，都是以卡片为载体，一切工作都是手工操作，服务工作更是靠劳动密集型操作完成。随着技术的发展，图书馆工作从半机械化、机械化过渡到自动化和网络化。现代图书馆服务已大量采用复印机、防盗仪、计算机、传真机、网络传输、卫星传输等设备为用户服务。图书馆利用新技术服务的手段不断增加，如网上参考咨询、网上信息检索、数据传输、网上文献传递服务等。现代技术的发展和现代设备的应用提高了图书馆服务工作的效率。

（四）图书馆服务模式的变化

在图书馆服务工作的变化中，变化最大的应是服务模式。在突破了传统的服务模式的同时，呈现出以下几个趋势。

1. 由封闭型转为开放型

传统图书馆受到经济和技术的制约，图书馆的服务活动局限在特定的范围内，服务工作可以说是以阵地为主，一般"等客上门"，所有的服务基本上是"以馆藏为中心""以馆员为中心"。图书馆在加工规模、藏书体系、服务范围、人员配备方面基本形成了"小而全""大而全""备而不用"的自我封闭型办馆范式。图书馆与外界的联系很少，满足于一般的借借还还，图书馆员的思想受到束缚，形成了僵化的管理定式。

在知识经济时代和网络环境下，面对社会信息需求的扩大和技术的发展，图书馆不能故步自封，把自己禁锢在图书馆的围墙之中。图书馆的服务工作开始走出图书馆，面向需求、面向用户，主动服务，建立辐射型的开放服务系统。形成"以用户为中心""以需求为向导"的主动型服务理念和信息服务模式。目前，图书馆非到馆用户成倍增加，网上信息需求范围逐步扩大就是最显著的变化。

2. 由单一化转为多元化

传统图书馆一般有比较固定的读者群，图书馆也主要为到馆读者服务。图书馆的这种服务模式虽然培养了大量特定用户，用户也习惯于把获取信息和知识的渠道、方式局限在图书馆，但这种获得信息的方式比较单一。随着社会、经济、技术的发展，人们传播信息的渠道不断拓宽，方式也更加多元化，传统图书馆为读者提供的阅览、外借、检索、复制书刊资料的服务方式已经不能完全适应用户需求。现代图书馆要满足用户的信息需求，必须开展多样性的服务，开创服务需求多元化、服务形式多元化、服务内容多元化的局面。目前许多图书馆开展代查、代检索、代复制、代翻译、联机检索、光盘检索、网上咨询、异地服务、远程教育等，就是为满足用户需求的多元化而展开的。

3. 由劳动密集型转为智力密集型

在传统图书馆的服务中，图书馆员为读者提供的服务以人工操作为主，由工作人员进行文献的采集、编目、加工、书库管理、阅览服务、参考咨询等工作，大部分是劳动密集型操作，重复性、烦琐性、体力性的工作比较多。服务在第一线的工作人员的主要工作任务是书刊上架、整理，打扫阅览室环境卫生，负责简单咨询等，从图书馆的整体工作模式来看，以劳动密集型为主。

随着信息时代的到来，信息需求急剧增加，图书馆服务工作的范围、对象、内容、方式、手段不断扩展和增多。新技术的发展，改变了服务人员与读者之间的互动关系，读者不再局限于与服务人员面对面沟通，图书馆服务工作的劳动逐步从劳动密集型向智力型转变。图书馆员的大量工作任务转向对知识信息的整合，检索与筛选网上信息后添加超级链接等。图书馆员已经成为"信息导航员""网上冲浪员"，是信息的中介，直接参与市场信息交流活动。图书馆所提供的服务中的知识和技术含量不断增多，表现为信息增值服务。

4. 由分割式管理转为整体协调式管理

传统图书馆的服务工作，因人工操作，一般由多部门分块管理。外借部负责图书外借服务，阅览部负责到馆读者阅览服务，咨询部只管咨询服务，报刊部负责报刊借阅服务，每个部门只管自己所管辖的服务范围，相互间的协调性比较差。读者要在图书馆内跑好几个地方，才能满足多种需要。然而，通过采取一系列技术手段，读者可以在短时间内一站式获取所需信息。随着新技术的发展，图书馆的服务管理必须要有整体的协调性，树立大服务的观念，做到内外结合、横向联合、资源共享，才能满足用户的需求。

二、读者服务工作的应对

为适应图书馆种种工作的变化，图书馆应实现如下转变。

（一）实现读者走进图书馆到图书馆走近读者的转变

该种转变包含以下三个方面的含义。

一是网络上的走近。如许多高校图书馆在校园内开设了校园网，使图书馆进入各个大学生宿舍和教师住宅，使学生和教师在住所即能方便检索利用图书馆的各类文献且不受时间和数量的限制。这样的做法使学生和教师感到图书馆就在自己的身边。

二是服务上的走近。图书馆实现从闭架书库到开架书库的转变，使读者亲临其境，亲手挑选自己所需的文献资料。设立各种新书专架，推荐书架、书目展示等，受到读者普遍欢迎。

三是管理上的走近。图书馆中可重新定位面向读者的各项规定，从读者的角度出发对相关描述性文字进行修改，其中包括文字规范，使用国内外通用的表达方式；语言委婉，让读者易于接受等。还可以在读者中建立社会监督员队伍，由读者来评价图书馆管理的各个方面并予以打分，馆中定期召开监督员会议，由馆领导和有关部门负责人参加，逐一落实监督员所提各项建议。还可联系其他图书馆，各馆之间进行网络连接，实行馆际互借、借阅一卡通和异地借还。这些做法，都能让图书馆更加贴近读者，也能使图书馆的优质服务充分地体现出来。

（二）实现从管理者到服务者的角色转变

就图书馆的内部而言，每一位图书馆员或是阅览室管理者，或是书库管理者，或是网络管理者，或是采访编目管理者，或是参考咨询管理者，或是行政业务流程管理者，但所有这些管理者在为读者服务这一点上是一致的。在图书馆的各项工作中，图书馆的工作者往往比较多的是将自己的角色定位为管理者，而不是服务者。这样，内容、方式、制度、流程等，较多的是从图书馆的内部出发、从图书馆的管理出发、从方便图书馆员的工作出发、从图书馆的既定业务流程出发、从图书馆长期形成的业务思维定式出发，而较少从读者的需求出发、从更方便读者出发、从图书馆不断创新给读者以知识导航出发。总之，在相当程度上，目前部分图书馆更多的是管理，而非服务；更多的是让读者来适应图书馆，而不是让图书馆去适应读者。而分析其原因，正是因为人们的观念还停留在图书馆的"管理者"上，其角色没有转变为读者的"服务者"。

如果从图书馆的内部管理和外部服务角度出发，图书馆应该推行以读者为本的"繁简观"，即上繁下简、内繁外简、前繁后简。所谓上繁下简，即在管理层应该充分讨论，反复酝酿，各方协调，细则该备；而到一线服务之处则应政令从简，布置清晰，易于操作，执行坚决。所谓内繁外简，即在图书馆内部，各项服务制度、服务流程、岗位职责应该制定得十分详细、规定得十分具体，各项服务活动的准备工作要做得十分充分完备，各项应急预案应考虑得十分周到细致；而对读者和公众，应该言简意赅、易于理解、便于遵守。所谓前繁后简，即在读者第一次到馆时，或为到馆读者提供首次咨询和服务时，应该主动询问、回答具体、介绍详细、服务耐心，以避免读者因不了解情况而为其带来各种不必要的麻烦；而对于常来的读者，则要处处为读者节约时间，要言不烦、动作快捷、方便高效、服务专心。

（三）实现从数量增加型到质量提高型的转变

在增加图书馆的服务数量的同时，必须实现向提高质量的方向发展，这是不断满足读者需求的服务理念。读者的需求是在不断发展变化的，当我们在扩大图书馆的面积、拓展阅览的空间、增加图书期刊的品种、策划图书馆的服务项目、壮大图书馆员的队伍、加大图书馆的投入，甚至进行大规模扩建时，我们应当重视提高图书馆的服务质量。在当代信息和知识总量剧增的情况下，广大读者已不满足于以往图书馆的传统服务内容和方式。图书馆作为知识的门户，其图书馆员应成为知识的采集者、加工者、组织者、管理者、交流者、提供者和教育者，总而言之，要成为知识的导航者。由于目前部分图书馆的工作人员队伍整体素质水平不高，在加强现有图书馆员队伍的培训、不断引进优秀人才加入图书馆员队伍的同时，我们也可以实行"借资工程"和人才的柔性流动，即可以聘请社会上各行各业的专家到图书馆进行坐堂咨询，既可以是综合性咨询，也可以是专题性咨询；也可以借鉴大学和研究所里的开放型实验室的做法，邀请国内外的专家来从事一些研究项目，以便更好地为读者服务。

要实现图书馆从数量增加型到质量提高型的转变，就要为广大读者提供个性化的服务和超常服务。图书馆的超常服务，也是提高图书馆服务质量的实质性体现。同时，图书馆的超常服务也体现在图书馆员为读者提供的延伸服务。延伸服务有时间上（图书馆正常服务时间之外）的延伸，也有范围上的延伸（越出本岗位的服务范围），还有内容上的延伸（超出图书馆业务服务范围），以及空间上的延伸（为外地及境外读者提供服务，为读者离开图书馆后提供服务）。

要实现图书馆从数量增加型到质量提高型的转变，还应在图书馆中创造并培育出标志性的信息服务产品。就期刊而言，国家图书馆的《中国图书馆学报》、中国科学院文献情报中心的《图书情报工作》、上海图书馆的《图书馆杂志》等都是标志性的信息服务产品。全国图书馆界合作完成的《中国图书馆分类法》《中国古籍善本书目》，全国高校图书馆系统联合建设的"中国高等教育文献保障系统"等也都是标志性的信息服务产品或信息技术保障手段。

三、读者服务工作的发展趋势

从目前的图书馆发展状况来看，读者服务工作的发展趋势可概括为如下几点。

（一）关注弱者——从物理的无障碍到虚拟的无障碍

获取信息是人权最基本的内容，然而对弱势群体，如文化水平低下、社会地位不高的群体，经济上处于弱势的群体，地理环境处于弱势的群体，残疾人等弱势群体，图书馆为弱势群体开展的服务是维护他们基本人权的体现。现代图书馆的读者服务工作要真正让读者满意，必须确保那些由于某种原因不能得到主流服务的少数群体也能够平等地享受到各种服务。

可以说，公共图书馆免费教育的理念与实践，使得弱势群体能在这里以零投入而获得信息和知识；而图书馆"有教无类"的思想和无差别的服务理念，使弱势群体社会平等的政治愿望和接受教育的基本权利得到切实的体现和保障。这种信息无障碍的服务理念是数百年来全世界图书馆服务的宗旨。然而，随着人类进入"信息社会""知识经济社会"，人们获取信息的方式发生了变化，由于社会地位、知识水平和经济实力等方面的差别，在信息资源的分配和获取上，出现了"信息富人"和"信息穷人"的区别。对于弱势群体，图书馆成为他们获取信息资源的最后提供者，所以有人把公共图书馆称为"信息时代信息穷人最后的避难所"。因此，如何更好地深化信息无障碍服务，是每个图书馆应思考的问题。如何为残疾读者提供个性化服务，也是提高图书馆信息无障碍服务水平的重要一环。

就图书馆服务而言，要构建信息无障碍的环境应包括两个方面：一是物质环境的无障碍。这主要指的是坡道、盲道、扶手、残疾人专用洗手间、专用电梯及方便按钮、设置音响信号装置等。越来越多的图书馆，尤其是新建的图书馆在馆舍建筑上开始考虑为残疾读者提供服务。二是信息和交流的无障碍。如果我们从方便读者的角度出发，设身处地为残疾读者着想的话，残疾读者到图书馆来看书和借书有与正常人相比的诸多不便。因此，在信息技术的支持下，图书馆的物质环境无障碍服务正向虚拟无障碍方向发展。国内外图书馆近年来大力发展的网络服务和虚拟参考咨询服务也可看作这种发展趋势的体现。所谓信息和交流的无障碍，主要是指盲文读物、盲文计算机、影视字幕、天花板书、朗读服务、手语、网络服务、送书上门等。一些图书馆考虑残疾读者行走不便的现状，开展主动送书上门服务。2001年5月，上海图书馆克服了空间的困难，在综合阅览区开辟了盲文阅览区。为了更好地提高为视障残疾人服务的质量，2002年初，上海图书馆又与上海市残联和市邮电管理局合作，为盲人推出了盲文读物和视听读物的免费寄送活动，从而提高了为残疾人服务的质量。上海图书馆盲文阅览区的图书馆员为了做好信息无障碍服务，利用业余时间学习盲文，以便能与视障读者进行信息沟通，提供更加温馨的服务。美国匹兹堡的卡内基图书馆还向那些长期卧床不起的残疾人提供天花板书，即残疾者将带有放映机的缩微胶卷，通过手、脚或身体其他可以利用的肢体部位来操作放映机，并将缩微胶卷的内容投到天花板上进行阅读。在世界一些发达国家的图书馆，目前已经将传统的阵地服务与先进的网络服务有机结合起来。一些图书馆的空间与文献布局已经完全摆脱了多少年来习用的文献载体和文献类型的划分，重新按照内容主题来划分。如法国国家图书馆、里昂市立图书馆、纽约公共图书馆等都是如此。如法律阅览室，可以将法律的图书、期刊、工具书、缩微胶卷、视听资料、电子文本、网络资源等集于一室，将印刷文献和计算机检索融为一体，这样可以免去读者包括残疾读者的来回奔波之劳。

（二）奠定品牌化服务的基础——特色图书馆

要想提高图书馆的服务质量，就要提倡品牌服务。这里的品牌，包括受用户欢迎的标志性产品，也包括获得读者认可和信任的高水平馆员。一个图书馆要在未来的服务与管理中得到可持续发展，提高自身的核心竞争能力，就要保持并推出其品牌服务。

服务要形成一种品牌，强调的是一种服务社会的形象与口碑。品牌化服务突出的是服务的特性与特色。品牌化服务是服务品牌的延伸与深化。图书馆品牌化服务的基础主要是特色馆藏。在网络化、数字化不断发展的今天，数字资源是网络服务的基础，具体到每一个图书馆就是特色馆藏的数字化和特色数据库的建设。

从 20 世纪 80 年代中期开始，许多图书馆便不约而同地在开展特色服务方面寻找突破口。我国公共图书馆界关于图书馆的特色服务以及进一步升华为特色图书馆的实践探索，便是在这一时代背景下产生的。集中力量在读者需求相对突出、集中的某一方面建立自己的特色、形成自己的优势，做到"人无我有，人有我优"，是图书馆在现实条件下可以办到且行之有效的办法。因此，特色图书馆也是随着读者的需求变化而产生发展的，它使得公共图书馆出现向专业化发展的趋势。

应区分"特色图书馆"与"图书馆的特色"这两个概念。这些年来，理论工作者普遍强调图书馆要办出特色，包括图书馆的藏书特色、建筑特色、管理特色、人才特色等。但这些特色只是各图书馆内局部的变革，因此我们不能将其称为"特色图书馆"，称之为"图书馆的特色"更为妥帖。无论是从理论上还是实践中，办出"有特色的图书馆"和"特色图书馆"都是不能等同的概念，我们不能以偏概全，不能因为一个图书馆在某个方面或某些方面有特色，就将其称作"特色图书馆"。

对于特色图书馆这一概念的提出及界定，目前仍有许多争论，意见并不统一。在这里，我们取一种大家都认同的说法，即特色图书馆是系统组织与管理特定学科（主题、领域）的知识信息，为特定用户群提供特色服务的图书馆。要正确理解特色图书馆的概念，还应从如下几点入手。

第一，特色图书馆不隶属于公共图书馆。20 世纪 80 年代中期，我国图书馆事业，尤其是公共图书馆事业发展处于相对低潮时期。公共图书馆为了更好地吸引读者，开展了一系列特色化服务活动，如"馆中之馆""专藏室"等十分红火，"特色图书馆"称谓因此在公共图书馆界频频使用。其实，这只是"特色图书馆"的滥用，是把图书馆特色化当作特色图书馆而已。图书馆特色化，是包括公共图书馆在内的所有图书馆追求可持续发展的新举措。自然，特色图书馆也不是公共图书馆的专利，不应当隶属于公共图书馆。

第二，特色图书馆也绝不是专业图书馆。专业图书馆，即科学与专业图书馆，亦称专门图书馆。社会教育与科研的需求，是专业图书馆存在的前提，而这种需求无疑是巨大的，因此专业图书馆的数量极多且自成体系。即使是同一专业的专业图书馆，在全国也构成了本专业信息资源共建共享的图书馆网络。而特色图书馆是特别的或特殊的图书馆，是以特色馆藏资源为特定对象进行特色服务的图书馆。在全国乃至全球，同样的特色图书馆极少。显然，特色图书馆与专业图书馆有质与量的区别。

第三，特色图书馆不等于图书馆特色化。特色图书馆是指有"特色"的图书馆，是独特的而不是普通的图书馆；图书馆特色化是指普通图书馆具有某方面的特色。因此，特色图书馆是全国或全球数量极少的个别化图书馆；图书馆特色化则是图书馆为了更好地为公众服务，追求在某一方面的特色化建设，所有的图书馆都能够而且应当力所能及的"特色化"。例如，韶山毛泽东图书馆、湖南女子学院图书馆等都是特色图书馆；而"馆中之馆""专藏室""特色服务部"以及"一套班子，两套人马"的图书馆都不是特色图书馆，而是图书馆特色化的具体形态，如甘肃省图书馆（敦煌文献与西北少数民族文献）、南京图书馆（太平天国文献）、北京东城区图书馆（北京服装图书馆）、北京崇文区图书馆（包装图书馆）、天津市少年儿童图书馆的"绿色环保阅览室"以及湖北、上海、广东等某些"特色化"的公共图书馆。

第四，特色图书馆相对普通图书馆而存在。多元经济、多元文化，必然要求多元的图书馆。社会分工向专业化方向发展，公民对图书馆需求日益多样化。图书馆类型，在不同国家、不同时间和不同情况下有不同的划分方法，一般以如下标准来划分图书馆类型：按隶属关系、按藏书成分、按读者对象、按主要任务、按所有制等。但特色图书馆不是按这些标准划分的。它是以图书馆的功能与作用为标准，划分为拥有普通功能与作用的普通图书馆和超常规功能与作用的特色图书馆。特色图书馆是一个"独立""独特"的图书馆，用"特殊图书馆"或"特别图书馆"称谓或许更为恰当。普通图书馆，尤其是公共图书馆，是保障公民平等地享受教育权利的公益性组织，因而不可避免地存在"千馆一面"的现象；特色图书馆是以特定服务对象为目标，因此拥有独特的馆藏、服务对象和服务方式，特色图书馆永远不可能也不应当代替普通图书馆。

特色藏书与特色服务是特色图书馆工作的核心。藏书之特殊主要表现在它系统、全面地收藏了特定学科（主题、领域）的文献信息。它强调文献信息类型的齐全，注意各种载体的收藏。尤其是为了配合科研、生产实验，它在收集文献资料的同时，还要求收藏相关实物。

服务之特殊主要表现在要突破传统服务模式、服务范围，要取得独特的服务效果。这种服务除了通常的借借还还、定题服务、跟踪服务、参考咨询之外，还要求视其条件与需要参与其中，与科研、生产融为一体，如医药图书馆可同时设立医疗门诊、医疗咨询点等。通过将图书资料与实际运用相结合来进行研究实验，这种服务在某种程度上已不是为他人做嫁衣，而是在为自己服务，因此它应该是更加主动的服务。

特色服务需要专门人才，也为专门人才的培养提供了机遇和环境。专门人才的培养导致服务方式的改变、服务水平的提高。图书馆的"特"、服务对象的"广"、藏书的"精"、人才的"专"、成效的"显"互为因果、互相促进。从外界来看，它们可以加强读者对公共图书馆的认识，增强读者对图书馆服务的信心，从而扩大对图书馆凝聚力的影响。

（三）图书馆教育职能的体现——远程教育

教育职能是社会赋予图书馆的基本职能。学校教育只能伴随人生的某一阶段，而图书馆提供的教育则可以贯穿人生的每一个驿站。面对知识经济时代的到来，面对亟须建立终身教育的学习型社会，面对与"信息社会"具有同等含义的"网络社会"的出现，面对我国教育资源的短缺，必须大力兴办现代网络远程教育。图书馆应该肩负起历史的使命，抓住这一有利时机，扩展图书馆的教育职能，大力开展现代远程教育，带动图书馆网络化、数字化建设，以求在信息社会中占据举足轻重的位置。

治学离不开图书馆，现代网络远程教育的实质是教育者与被教育者之间的知识传递和信息交换，其成功取决于教材、学习辅导材料、传递和交流手段以及技术应用等。对此，图书馆与远程教育不谋而合，它们在资源、技术、设备、场所上有着得天独厚的优势，其前景是令人鼓舞的。

1. 公共图书馆在远程教育中的作用

长期以来，图书馆收集、整理和存储了大量的文献资料，将知识和信息组织化和有序化，形成了丰富而有特色的文献信息资源，这是其他的社会机构所不能比拟的。另一方面，虽然在网上能获得的用于远程教育的文献和信息越来越多，但由于网上信息来源复杂多样，有价值和无价值的资源混杂在一起，真实性和可靠性无法保证，而且网上信息组织化程度不高，基本上处于一种无序化状态，对于那些没有学习过信息检索的人来说，想要准确快捷地检索到所需的信息，反而是越来越难了。而传统图书馆的职能之一就是对知识及信息进行组织和整序，因此图书馆不但能合理地筛选和组织网上的信息，而且能培训信息用户的检索能力。基于以上两个原因，图书馆必然成为信息交流和传递的中心，成为远程教育中的重要支撑体系，对推动我国教育及信息化进程起到相当积极和重要的作用。图书馆在远程教育中应起到以下几方面的作用。

首先，现代图书馆在远程教育中的作用是信息的组织和整序。我们知道能够成为远程教育信息资源的有三种：一是本馆的馆藏信息；二是利用资源共享，共享到其他大学图书馆的数据库；三是互联网上的所有信息。图书馆应当用科学的方法和技术组织这些信息资源，尽快地从大量信息资源中收集和筛选出对用户最有价值的信息，把无效的知识排除掉，使其成为真正的资源，并使之有序化，充分为用户所用。

其次，现代图书馆在远程教育中的作用是提供信息服务、发送文献及信息、创建本馆的主页、聘请学科权威开展在线讲座和在线咨询、开展有特色的网络导航服务。

2. 培养信息用户的信息素质

对于部分信息用户来讲，网络还是一个相当新的环境，要想自如地运用检索工具查找特定内容还存在一定的困难。因此，必须对信息用户进行信息素质教育，使其掌握网络信息的相关知识，基本的检索、选择、评估方法和技巧，以及了解常用的信息资源，使其既要知道信息资源的所在，又要知道如何获取信息资源。

总之，服务是图书馆存在的理由，而服务质量的提高则需要不断地创新。我们要用"一切为了读者"的服务理念，用网络化、数字化、个性化、国际化的发展理念来重新审视图书馆现在的服务理念、服务内容、服务布局、服务流程、服务方式、服务设施、服务戒律、服务行为、服务形象。平时，我们要在工作中多问一下为什么这样做或必须这样做，多思考一下目前这样做是否以读者为本，是否方便读者，是否能够满足读者的需求，是否能够引领读者走向未来。这种思维角度的转换和创新，必然会给我们带来许多有益的启示和发展的动力。

第五章 公共图书馆信息咨询服务

第一节 信息咨询服务概述

一、什么是咨询

"咨询"一词源于我国古代。在古代辞书《乐雅·释古》《说文解字》中对"咨"的解释为"谋事曰咨""问于善为咨";北魏农学家贾思勰的《齐民要术·序》中有"询之老成,验之行事"之说。这些均表明"咨"与"询"都有向人请教、谋求良策的意思。据有关学者考证,"咨询"作为一个复合词,最早见于《诗经·小雅·皇皇者华》中"载驰载驱,周爰咨询",意为君遣使臣,要其悉心察访征询民间疾苦。现代汉语中,"咨询"义为征询、请教、商议。英语里,"咨询"一般表达为consult、consultation、consultancy或者advisory,其含义与汉语咨询的含义大体一致。关于咨询的解释,各方普遍认为咨询是提供建议和决策参考、帮助客户实现目标、提供知识和信息的服务的过程;是运用知识和智慧实现特定目标的活动。

咨询在我们生活中无处不在,咨询的概念也始终处于动态发展中。传统咨询仅限于政治军事领域,现代咨询已经广泛渗透和融入社会生活的各个领域。随着经济全球化和信息技术的飞速发展,咨询朝着国际咨询、联合咨询、计算机咨询、网络咨询和专家咨询等方向发展。

二、信息咨询的含义

信息咨询是随着咨询活动的日益发展,特别是随着信息论的创立而形成的一个概念,它的产生适应了信息社会到来的需要,具有鲜明的时代特色。信息咨询服务是以信息为基础,对信息、情报、资料进行综合加工和创造,为社会提供各项服务的一种智力型信息服务方式。它主要包括以下含义。

第一,图书情报行业的信息咨询。信息咨询(图书情报学界一般称为"参考咨询")是指图书馆、情报机构、信息机构向用户提供其所需的数据、事实、资料等信息的高层次读者服务工作，是图书馆、情报机构和信息机构的重要功能之一。

第二，作为应用于社会各领域的一般咨询的信息咨询。由于信息与咨询关系十分密切，信息是咨询服务中不可缺少的一部分，成为决定咨询活动成败和咨询服务质量的关键。从这个层面看，咨询与信息咨询的内涵是一致的，只是后者更加突出了信息的本质功能，也更具时代特色。

随着社会信息化程度的不断加深，特别是信息产业与信息服务的发展以及咨询活动的不断深入，信息咨询的概念被更加广泛地应用于实践。咨询服务的实质就是信息服务，因为提供咨询服务的过程事实也就是传播信息的过程；信息咨询作为社会的信息交流活动之一，是通过咨询的形式表达，而以信息交流为目的的一种知识、智能、技能传递活动。

第二节　信息咨询的馆员与用户

馆员与用户是构成信息咨询服务活动的关键要素，图书馆信息咨询服务必须通过馆员与用户的互动来实现。公共图书馆信息咨询服务能否有序地开展取决于咨询馆员与信息用户能否进行良好的沟通。

馆员是信息咨询活动的直接参与者，提供优质的咨询服务的关键在于人才，因此提高咨询馆员的素质与加强对咨询人员的培养建设至关重要。同时，咨询工作是围绕用户开展的，没有用户，咨询工作就没有存在的价值，活动也就无从谈起。特别是在技术与社会急速发展的当下，信息咨询用户的组成和需求更加复杂和多元，因而做好用户的调查与分析，开展用户研究工作也是咨询工作的重中之重。

一、咨询馆员的角色职责与要求

（一）咨询馆员的角色职责

只有准确地定位，角色才能有较高的工作效率。概括起来，咨询馆员的角色职责体现在以下几个方面：①信息宣传。要深入了解用户需求，针对性宣传服务内容，使用户了解图书馆信息服务工作。②信息提供。连接信息资源与用户，快速、准确地搜集信息并及时提交给用户。③信息指导。对用户进行信息检索与组织等方面的技能培训，使之掌握基本方法。

（二）咨询馆员的素质要求

优秀的咨询馆员要具备良好的信息素质，这直接关系着图书馆信息服务的质量，也影响着图书馆的发展。咨询馆员应该具备的信息素质包括以下方面。

一是较强的信息获取能力。随着信息技术的发展，新型网络载体不断出现，尤其是大数据时代的到来，数据量剧增，如何快速有效地获取信息是对咨询馆员的基本要求。这就需要培养咨询馆员的信息意识和信息敏感性，使其能快速准确地找到信息源及所需信息。

二是综合的信息处理能力。当今用户已不满足于原始信息的提供。信息处理涉及分类、加工、整合、提炼、重组等环节，咨询馆员要善于学习整合现代信息的新思维、新技术、新方法，并及时地将其应用于工作实践中，使信息的加工、整合能够跟上时代的发展步伐，及时满足读者的需要。

三是专业的学科知识。深层的信息检索及加工往往离不开专业学科知识的支撑。现代图书馆咨询馆员除了应具备坚实的检索及信息处理能力，还应具备某一学科背景，这对于信息的深层处理具有重要意义，这也是图书馆服务发展所必需的。

四是较强的教育能力。对用户进行信息技能培训和信息素养教育是咨询馆员的重要职责。咨询馆员应意识到自己所承担的教育任务，并在服务过程中主动对用户的检索技能、信息素养等进行辅导、培养和教育。

五是较强的信息宣传能力。一个合格的咨询馆员必须是开拓型的，具有创新意识和竞争意识。图书馆服务的发展离不开服务产品的商品化，并与现代社会紧密接轨，因此咨询馆员要善于思考如何将信息产品推向社会、推向市场。

（三）提高咨询馆员素质的措施

第一，培养信息意识。图书馆应注重对员工的培训和再教育，与时俱进，积极提高他们对信息的洞察力及敏感性。提高咨询馆员对于本职工作的热情度，充分利用会议、培训等各种机会提高其专业素质及能力。

第二，掌握现代信息技术。熟练使用检索及信息处理工具是胜任咨询馆员工作的基本要求。图书馆要加强咨询馆员基本技能及方法的培训，关注现代信息技术的发展前沿，与社会需求紧密联系。

第三，建立咨询馆员评价体系。建立咨询馆员评价体系旨在促进馆员的竞争意识及工作积极性。评价体系应包括各方面的指标，做到公开透明。

第四，注重多学科人才的培养。现代图书馆信息服务工作不再只是提供信息资源的管理服务，而是需要对各类信息资源进行深入的分析，以知识单元的形式为读者或用户提供服务，因此需要培养一大批多学科背景的专家型信息咨询馆员。

二、信息咨询用户及需求

（一）信息咨询用户的类型

按用户工作所属的学科范围进行分类：①社会科学用户包括从事社会科学研究、教育、管理等方面的人员，以及文化、艺术等方面的实际工作人员；②自然科学用户包括基础科学、应用科学的研究人员，工农业生产技术人员，医生等。

按用户的职业进行分类：①国家领导人；②决策、管理人员；③科学家；④工程师；⑤医生；⑥作家；⑦艺术家；⑧生产技术人员；⑨军事人员；⑩商业人员；⑪教师；⑫学生。

按用户信息需求的表达情况分类：①正式用户；②潜在用户。

按用户对信息的使用情况分类：①目前用户；②过去用户；③未来用户。

按用户的能力和水平分类：①初级用户；②中级用户；③高级用户。

按用户信息保证的级别分类：①一般用户；②重点用户；③特殊用户。

根据我国的实际情况，对我国用户进行如下分类：①社会科学及相关领域用户——社会科学部门的领导者、管理人员；社会科学研究人员；社会科学方面的教师；文科学生；经济、政治、文化、艺术、新闻、出版等部门的实际工作者。②自然科学及工程技术部门的用户——基础科学及技术科学研究人员、理工科教师、工业生产技术人员、农业生产技术人员、医生及医学专家、科技及生产管理人员、理工科学生。③特殊用户——国家及部门领导者、决策者、军事人员、其他用户。

（二）用户信息咨询需求的类型

1. 用户对信息的需求

信息载体分为文献型与非文献型两大类，用户对信息的需求可以归纳为以下三类。

一是知识型，如科技知识、管理知识等。它构成用户"才干"，成为推动工作的动力和用户解决具体问题的条件。

二是消息型，如人类社会活动的报道、经济市场信息等。它是一种动态信息，供用户决策时参考。

三是数据、事实和资料型，如自然常数、统计数据、组织机构情况、某一事件的记载等。它是静态的，为用户查考某一事实而用，具有重要的参考作用。

2. 用户对信息检索工作、系统与网络的检索需求

用户对信息检索工作、系统与网络的利用是用户获取信息的重要途径。它包括对现期

文献通报、文摘、题录的需求，对累积性检索工作和各种专题检索工作的需求，以及对自动化信息检索系统的需求。

3. 用户对信息服务的需求

用户对信息服务的需求直接表现为信息需求的表达和要求的表述。用户对信息服务的需求是多方面的：除包括一次文献服务、二次文献服务和三次文献服务在内的文献信息服务外，还包括数据服务和交往信息服务；除信息获取与提供服务外，还包括信息发布与交流服务。在服务手段上，除常规服务外，还包括特殊的多功能服务。以浦东图书馆为例，用户对信息服务的需求除了传统的信息需求，还包括参考咨询需求、文献提供需求、专题咨询需求、定题跟踪需求、决策服务需求、情报需求等。

（三）用户信息咨询需求的特点

1. 不同类型用户信息咨询需求特点

不同类型的用户需要不同类型的信息：政府需要宏观、权威、针对性强的信息；企业和个人需要微观、具体、可操作、时效性强的信息。以下以企业为例，具体说明用户情报信息需求地特点：①以提高自身竞争优势为基础，关注对竞争者的实力分析，重视前沿技术的相关信息。这类信息带有明显的时效性和实用性。②关注自身内外部环境状况，重视对相关法律法规的分析。分析自身内外部环境状况，列出自身的长处和弱点以及机会和威胁，使自身在法律法规允许的范围内制定政策和发展规划。③重视客户的反馈信息。对客户反馈信息的分析必须具有很强的时效性和真实性。

2. 新形势下用户信息咨询需求的特点表现

由于社会的不断发展，各行各业的人都深刻地认识到了信息及信息咨询服务的重要性，对信息及信息咨询服务的需求也日益迫切，每一位社会成员都成了知识和信息的需求对象，信息咨询用户量快速增长。信息咨询用户较以前发生了明显的变化，社会各阶层、各领域的人员或社会团体和机构都是信息咨询需求的主体，由于他们所处的行业、所从事的职业、所学专业及年龄、性别、文化程度、职位、工作任务等的不同，因而他们对信息及信息咨询的需求也表现出各自不同的特点。

具体来说，尤其是在知识经济和网络环境下，信息咨询需求的特点主要表现在以下几个方面。

（1）信息内容涵盖面广

随着社会经济的发展，社会经济、文化等各个领域的联系越来越密切，这也体现在用户的信息需求上，用户咨询的信息涉及社会的各个领域。如企业在实施某个项目需要咨询政策信息、技术信息、管理信息、决策信息、项目设施点的地方文化信息等。

（2）信息需要具有权威性、真实性、实用性和可控性

用户咨询信息时，要求信息咨询人员利用所掌握的专业知识对大量的信息进行加工、分析、处理，使信息能够为用户带来巨大的价值；反之，不真实的信息可能会给用户带来巨大的损失。

（3）信息需要具有时效性和新颖性

在知识经济时代，社会节奏越来越快，信息的生命周期越来越短，信息和知识的更新速度越来越快，这就使得用户对信息的时效性和新颖性要求越来越高，用户越来越意识到拥有了最新的信息，就拥有了获取价值的法宝。例如，如果股票投资者获取了未来一段时间股票行情的最新动向，就知道如何控制资金去向，从而获取利润。过期的信息是不具有这样巨大的价值的。

（4）信息越来越向知识化和精品化的方向发展

在传统的信息环境下，用户往往依赖图书馆的书籍、报纸等纸介质的文献信息，而在网络环境下，人们获取信息的途径更加多样化，不再局限于纸介质的文献信息，更多地依赖电子信息。然而，在网络环境下，一方面，信息非常丰富，数量巨大；另一方面，信息污染严重，用户很难找到自己所需要的信息，这就促使用户对信息的知识化和精品化的要求越来越高。

（四）用户信息咨询需求的影响因素

1. 用户对信息需求的影响因素

一是个体因素：①用户的职业与工作任务；②用户的职责和作用；③用户所接受的教育及知识水平；④用户个人志趣与特点；⑤用户个人的信息素质；⑥用户智力的发展。

二是社会因素：①政治制度和国家方针政策；②国家法律和社会道德；③社会人口；④宗教、信仰；⑤教育、艺术、经济、军事、科学；⑥生产技术；⑦社会产业、职业结构。

三是自然因素：①自然资源状况对信息需求的影响；②地理位置和地貌对信息需求的影响；③自然环境和地理位置使不同的国家具备不同的外部条件，影响国家对外交往的信息需求；④自然环境决定着一个国家的社区发展状况，影响着社区信息需求，一个国家不同社区的信息需求范围、内容、形式、途径都具有各自不同的特点。

2. 用户对信息检索工具、系统与网络工具需求的影响因素

第一，有关检索工具、系统和网络方面的影响因素。这些因素包括：有无适合于检索

用户所需信息的检索工具或系统；检索工具或系统的质量、利用的方便性和经济性等。如果缺少适当的检索工具或系统，用户将难以查询、获取信息。

第二，影响用户对信息需求的诸因素。影响用户对信息需求的诸因素同样影响着用户对信息检索工具和系统的需求。

3. 用户对信息服务需求的影响因素

第一，有关信息服务方面的因素。这些因素宝库：①信息服务的成本及服务收费；②信息服务的易用性；③信息服务的速度与效率，包括满足用户各种需求的能力与效率；④信息服务适应变化中的信息需求的灵活性；⑤信息服务的质量，主要是信息提供的准确性。

第二，影响用户对信息需求的诸因素。影响用户对信息需求的诸因素也毫无例外地影响着用户对信息服务的需求。

（五）用户信息咨询需求的职业特征及其差异

1. 社会科学及相关领域用户的信息咨询需求

第一，社会科学研究人员的信息需求：①特别依赖于文献信息；②所需信息的时间跨度大；③要求提供全面、系统、完整的信息；④所需信息具有一定的政治评价与选择标准；⑤所需信息的学科范围不断扩大。

第二，社会科学教师的信息需求：①所需信息的学科范围比较固定，主题比较明确；②社会科学教师在教学工作中所需的信息比较成熟、可靠，因而十分重视信息的准确性和可靠性；③在获取信息的方式上，社会科学教师往往习惯于亲自查阅文献，与相关人员讨论问题，以及利用图书馆索取所需文献；④在信息选择上，社会科学教师要求对文献信息作出恰当的分析评价，进行认真的选择，因此往往需要提供三次信息服务。

第三，经济、政治、文化、艺术、新闻、出版等部门实际工作者的信息需求：①所需信息涉及的范围广；②所需信息具有较大的不定性；③信息需求具有多样性；④要求尽快获取信息；⑤需要信息人员更多的帮助。

2. 自然科学及工程技术部门用户的信息咨询需求

第一，基础科学与技术科学研究人员的信息需求：①所需信息的学科范围较窄，内容专深；②信息需求具有系统性、完整性与准确性；③对信息的需求具有明显的阶段性；④获取信息的方式具有多样性，在通过各种正式渠道获取信息的同时，科研人员十分注意亲自获取信息；⑤信息需求难以预见，不易表达清楚；⑥对信息服务的期限要求不如工程技术人员那样严格；⑦对信息服务的时间跨度要求介于社会科学研究人员与工程技术人员之间；⑧从所需信息的类型看，科研人员需求最多的是理论性较强的文献和原始资料，信息源主要是期刊、会议文献、报告等。

第二，工程技术人员的信息需求：①信息需求集中于特定的专业方向；②就所需信息的类型而言，主要是有关新产品、新技术、新工艺等方面的具体信息；③强调信息内容的可靠性、准确性与新颖性；④信息需求的时间跨度小，对信息服务的期限要求严格；⑤对物化信息的需求量愈来愈大。

第三，医务人员的信息需求：①对具体事实与数据信息的需求量大；②所需信息必须准确、可靠；③需要以最快的速度获取所需的信息；④非正式渠道的交流是医务人员获取信息的主要方式；⑤医生和从事研究工作的医学专家对文献信息源的需求存在一定的差别。

第四，理工科教师的信息需求：①信息需求的范围较广；②所需信息的学科、主题比较明确和固定；③十分重视信息的可靠性与成熟度；④理工科教师在科研工作中的信息需求与科研人员的信息需求基本相同。

3. 决策者、领导者及管理人员的信息咨询需求

第一，所需信息的范围广。

第二，需要收集决策信息，即围绕决策工作通过专人筛选、评价、整理和浓缩的信息。

第三，所需要的信息必须是客观、准确和可靠的。

第四，所需要的信息必须是完整的。

第五，信息需求具有明显的针对性。

第六，所需信息符合简易性原则。

第七，主要通过信息服务人员获取信息和从正规渠道获取信息。

第三节　信息咨询服务的评价

一、信息参考源的评价

随着信息网络环境的逐步形成，图书馆咨询服务大量地从以印刷型文献转向以馆藏的现时信息资源和网上虚拟信息资源为咨询"源"的现代信息咨询。咨询"源"是咨询服务的物质基础。咨询"源"的丰富程度、优化尺度将决定信息咨询的服务效果。

（一）网络参考源的评价指标

网络参考源的评价指标体系主要包括以下几个方面。

第一，来源和出处。包括网站的创建者或版权所有者。

第二，权威性。一般来说，某个专业较著名的权威机构或专家所拥有的网站和发布的信息是真实可靠的，具有较高的质量，尤其是大学和研究机构的网站信息都是经过审查、筛选的。

第三，目标。包括设立该信息资源的目的、是否包含明确声明、信息资源本身是否已经实现了预期目标、特定的用户群包括哪些、信息在什么程度和层次上提供给用户、信息能否满足目标用户的需求。

第四，用户。每个网络都是为了方便一定的用户群接收信息而发布的。

第五，内容。内容是网络信息资源评估中最重要的指标，也是以内容为导向的网络参考源评价最基本的标准。信息内容要准确可靠，有明确的范围和边界；文本组织规范、逻辑性强；信息内容新颖，链接有效；引用内容规范、客观；关注网络评级；网站被链接的数量。

第六，时效性。具有较高的更新频率，要及时清除过时信息和死链。

第七，设计网页。设计简练，界面友好，对链接和交互性内容有必要说明，能提供相关软件支持。

第八，适用性。界面友好，点击较少的链接（最好在3个链接之内）就能找到所需的信息；资源按一定逻辑方式组织，检索结果输出方便。

第九，稳定性和连续性。包括用户能否可靠和稳定地获取该资源。

（二）网络参考源的评价方法

网络参考源的评价方法主要包括三种：第三方评价法、用户评价法、文献计量学引申和发展来的网络计量学。目前第三方评价法主要适用于两个方面：一是商业性的专业网络资源评价网站；二是由图书馆等非营利性的信息服务机构所提供的网络资源评价服务。在web2.0环境下，用户评价法主要通过个人信息采集、发布手段、标签，逐步形成一种群体用户所具有的庞大力量。网络计量学是一种定量分析法，运用大量的统计、分析、计算工具等来统计某站点的分布情况、确定站点收录的方向和重点、分析站点被其他站点链接的情况、统计访问量等。

（三）咨询馆员的评价

长期以来，信息咨询服务中对咨询馆员的评价主要依赖于他们向用户提供的事实型解答的准确性以及用户的接受效果等因素。实际上，向用户提供准确性事实咨询这种标准对于信息咨询工作而言只是获取成功服务的一半。尤其是在网络环境下，信息咨询工作更需要重视馆员和用户间的互动关系。在很多情况下，咨询馆员只是作为指导者为用户提供检索策略的方向、建议，而非直接提供特定答案。所以，在这种情形下，参考咨询服务的成功不是由传递的信息来衡量的，而是由馆员与用户之间的互动关系中呈现出的积极或消极的影响来决定的。在这种作用中，咨询馆员积极或消极的工作行为成为决定咨询成功或失败的重要因素。

1. 亲和力

馆员在参与咨询行为的过程中，要表现出对用户的欢迎和接纳，并尽可能地让用户感到轻松。为了做到这一点，咨询馆员应该做到以下几个方面：一是随时准备应对用户的咨询；二是树立起主动与用户接触的习惯；三是主动在咨询交谈中礼貌性地问候用户并对其他等候服务的用户予以确认；四是最大限度地重视用户的需求。

2. 兴趣

如果咨询人员对用户咨询的问题表现出浓厚的兴趣，用户就会产生高度的自我满足感。因而咨询馆员要做到：积极应对用户的咨询反馈；及时确认用户的提问；在整个参考咨询过程中表现镇静、沉着。

3. 聆听/询问

信息咨询服务中的面谈是咨询服务工作的核心。在咨询服务过程中，作为一个好的交流者，咨询馆员要做到：根据交流情况选择语言表达方式；始终保持接纳、诚恳和鼓励的态度；让用户以自己的语言充分陈述其信息需求；重新组合用户的问题或要求，并得到用户的理解和确认；鼓励用户延伸问题的广度或陈述附加信息；寻找并区别易混淆术语；咨询馆员所有的专业术语要能为用户所理解；保持客观性，不要随意插入自己的主观判断。

4. 检索

检索过程是行为特征和准确性交织的咨询工作中的一部分。获得满意的检索结果很大程度上依赖于咨询馆员的行为。作为一个有效的检索者，咨询馆员应该做到：构建一个有竞争力的检索策略；将一个提问分为特定的几个方面；选择确切的检索词；首先在最受限制的范围内检索；确认最切合用户提问的信息源；与用户共同讨论检索策略；鼓励用户阐述自己的见解；可提供信息源的使用方法；向用户介绍更合适的图书馆、咨询馆员或其他信息源。

5. 跟踪服务

在咨询结果发出后，咨询服务活动并未结束。咨询馆员应该判断用户对检索结果是否满意；还要向用户提供其他信息源。为做好跟踪服务，咨询馆员应该做到：询问用户是否已经完整解答了咨询问题；鼓励用户及时反馈；在遇到跨学科问题时，主动向其他馆员和专家请教；通过联合其他机构、团体、图书馆或相关行业部门，竭力为用户提供最优质的服务，保证信息量的需求和信息源的供给；当用户对咨询的结果不满意时，咨询馆员要向用户推介其他可能符合用户要求的信息源或学术团体、科研机构。

（四）信息咨询结果的评价

对于信息咨询结果的评价，主要指用户在信息咨询活动中的全程感受和信息咨询机制从咨询任务的受领到咨询结果的提供所展现出的集约化程度。具体表现为用户对咨询结果的满意程度；咨询服务的人性化与个性化程度；咨询情感的亲和力程度；咨询机制总体上是否高效、连贯、集约化。

网络信息环境下，信息咨询唯有真正"从每一用户的文献需求出发，平等对待，而不是从用户的身份出发，从咨询员的好恶出发，歧视对待"，提供适合不同用户阅读习惯所需信息的相应载体；提供友好而无时不在的信息帮助，主动而带有预见性地"提醒"；为用户开拓思路，多角度、多途径、多语种、多载体地分析提供所需信息，不断深化服务的内涵与外延，实现咨询服务中用户需求意愿的自由表达，精确定位咨询课题；实现用户与咨询人员的信息互动，及时准确地提供需求结果，并在信息咨询的全过程赋予用户人文关怀的真切感受，从而在更高的基点上提升用户与图书馆之间的亲和力。

二、信息咨询评价方法

（一）信息咨询评价的常用方法

从信息咨询服务评价方法的发展来看，主要有两种类型的评价方法：绩效衡量和服务成效衡量。绩效衡量是评价和比较图书馆能达到的目标的量化说明；服务成效衡量则是以用户和用户的使用为导向，完全强调服务输出的效果部分，如服务项目、开放时间、馆际合作需求的满意度等。严格地说，绩效衡量的范围较广，它可以评估图书馆的任何一个与效率、效能有关的项目；服务成效衡量则可以看作是绩效衡量的一种，较注重服务的有效性与品质。

1. 输出评价法

输出评价法是信息咨询工作满足用户需要的程度指示器，其主要通过以下几个指标来体现：①正确答案满足率，即所提供的正确答案数/咨询问题数；②咨询工作的效率，即所提供的正确答案数/咨询馆员的工作时间；③咨询传递速度，即成功的咨询服务传递所花的时间总量/成功的咨询服务传递总数；④每一项正确的咨询问题答案所花费的成本，即给定时间内咨询服务的总成本/同一时期所提供的咨询服务的正确答案数量。

2. 隐性测试法

隐性测试法可以作为对咨询馆员解答问题行为进行评价的方法。其特点是：当使用这种方法时，咨询人员觉察不到他们正在被评价，那些提出问题或者要求咨询服务的用户作为代理人对正在发生的测试环境中的活动内容、服务情况和相关反应进行记录，这些记录将按照既定的标准作出评价，进而对咨询服务的整体质量作出评价。这种方法可以应用在对电话咨询的准确性、咨询接谈的质量、网络虚拟信息咨询的效果、参考源的选择与使用、不同类型或者不同教育背景的咨询馆员之间的比较。需要注意的是，隐性测试法需要事先作出详细的计划，需要咨询馆员和管理者长期投入精力记录、分析和维护数据。

3. 功能输出法

功能输出法是事先设定图书馆咨询馆员应该发挥的功能，然后将其与实际工作中咨询馆员所发挥的功能进行比较对照，从而获得信息咨询服务整体质量评价结果的一种方法。

4. 平衡记分卡法

平衡记分卡法的核心内容是以图书馆的愿景和战略目标为基础，从财务、专业服务与合作、内部管理、团队发展的角度，逐层分析绩效评价指标，建立以因果关系为纽带的战略实施系统。公共图书馆以平衡记分卡法作为重要工具，根据参考咨询服务运营和管理现状，逐层分析提炼关键绩效指标来指导参考咨询服务的实践，从财务层面、专业服务与合作层面、团队（个人）学习与发展层面以及内部管理层面四个角度提取关键绩效指标和设定目标。

除上述所列评价方法以外，还有变量分析法、模拟分析法、层次分析法、使用者调查法、调查者介入法、观察法、晤谈法、调查者不介入法、质化研究、个案研究等，不同的评价方法其分析形式、重点均有不同。

（二）信息咨询评价方法的实施

信息咨询评价方法的实施需要建立合理有效的服务评价系统。而服务评价系统的建立要包括三个阶段：准备阶段、评价阶段、组织发展阶段。

第一，准备阶段。包括建立目标与宗旨、建立开展评价的良好氛围、成立评价规划小组、培养人员评价技巧、界定评价的重点、分析文献。

第二，评价研究阶段。包括研究问题、数量分析、评价研究设计与方法、评价设计的实施。

第三，组织发展阶段。包括分析资料、研究结果与替代文案、评论报告管理内容、实施策略、循环。

综上所述，信息咨询评价是伴随着信息咨询的发展而开展起来的。信息咨询评价的实质是衡量与评估信息咨询工作的质量与效益，从中发现工作中的不足并予以改进，总结工作中的长处予以发扬。图书馆信息咨询服务的评价机制是一个综合各类因素，不断运动、变化、发展的有机系统。伴随网络的发展，尤其是数字化服务的普及，信息咨询服务的理念将逐步渗透图书馆服务的各个领域，因此咨询服务的评价将被放到更加突出的位置。

第四节　信息咨询服务的新思路

作为图书馆服务的重要组成部分，信息咨询服务担当着"图书馆深层次服务"的代言角色，服务立足于深度挖掘馆藏，主动为单位、个人提供个性化的信息定制服务。在长期的实践中发现，信息服务往往专注于高端服务，对更广泛的社会化需求涉足不多，信息咨询服务的社会影响力有待进一步扩大。公共图书馆"免费服务"对信息咨询服务提出了新要求。

一、免费服务对信息咨询服务的新要求

（一）信息咨询服务向信息"弱势群体"倾斜

长期以来，一些特殊人群，如老年人、残疾人等，因为生理机能、知识储备、信息素养等种种原因，缺乏创造、吸收和交流知识的能力，无法有效利用图书馆信息咨询服务，"知识鸿沟"日渐扩大而导致他们沦为信息服务的"弱势群体"。因此，他们更需要图书馆服务的倾斜。公共图书馆的社会职能及服务公益性原则同样要求信息服务应服务所有的群体，这也是扩大图书馆人文关怀的有效途径。

（二）信息咨询服务的不断创新

图书馆信息咨询服务的不断发展印证了"创新保持服务旺盛生命力"的道理。进入免费服务时代，对图书馆信息咨询服务提出了更高的要求。当信息咨询服务进入低成本化服务时期，读者利用信息服务的门槛也会明显降低，一些读者潜在的信息需求将会被激发出来，信息咨询服务不可避免地面临着窘迫的服务人力与海量的信息需求的尖锐矛盾。只有进一步创新服务体制，利用服务体制有效弥补人力资源的不足，方能保证信息咨询服务持续发展。

（三）免费服务环境下的工作动力

目前，在一些经济比较发达的地区，图书馆可以获得政府大量的财力支持，图书馆界冀盼已久的"财政统发"基本实现，以往需要借助信息咨询服务来实现一定"创收指标"的情况有所好转。但这会在无形中使图书馆信息咨询服务从业人员滋生"大锅饭"意识，工作积极性和主动性受到一定的影响，图书馆信息咨询服务将持续陷入"瓶颈"状态，为此需要创新工作机制来持续激发工作人员的工作热情。

二、让信息"流动"起来

（一）"流动图书馆"与信息咨询服务的互补性

"流动图书馆"是图书馆传统借阅服务的一种延伸，以馆外图书流通站为支撑，利用"流动书车"作为服务平台，将服务触角延伸至远离图书馆服务阵地的社区、乡镇等，为所在地的读者提供无差别服务。

第一，"流动图书馆"社会服务网络有助于推广信息咨询服务。"流动图书馆"以灵活的图书资源整合、推送方式充分发掘图书馆资源，并将其展示于社会，大大增加了图书的利用率，使图书馆的社会服务功能得到了扩大和延伸。借助"流动图书馆"服务站点，信息咨询服务能有效挖掘远离图书馆服务中心的社区居民、特殊人群的信息需求，扩大信息咨询服务的社会影响。

第二，信息部门咨询人员所具备的专业服务技能有助于提升"流动图书馆"的服务水平。从服务实际看，国内大部分"流动图书馆"除了向远离图书馆的读者提供书刊借阅服务之外，还要承担向各馆流通站、分馆配送图书的任务。首先，由于基础流通任务过重，信息咨询、课题服务工作相对薄弱，服务比较单一；其次，大部分流动图书馆人力紧张，工作负荷大，重复劳动多，也易产生工作倦怠，影响了服务的深入开展；最后，开展延伸服务人才的制约，一些延伸服务，如组织社区宣传、读书活动、专题信息推介等，这些都要求流动图书馆工作人员除了具备图书流通服务技巧，还应具备活动策划、文案撰写等能力。信息咨询服务人员具有熟练运用馆藏整合信息的能力，可深化"流动图书馆"延伸服务内涵，提升延伸服务水平，亦能弥补"流动图书馆"人力不足的状况。

第三，信息咨询人员与流通服务人员利用同一平台开展服务，有助于提升人员素质。信息咨询人员参与到"流动图书馆"服务中来，除利用"流动图书馆"成熟的服务网络挖掘社会信息需求之外，其与流通服务人员在同一平台工作。感同身受之下，流通服务人员亦可以向信息咨询人员学习相关检索服务技能，有助于提升自身素质；通过参与"流动图书馆"服务,信息咨询人员对馆外流通站及"流动图书馆"自身馆藏利用更加熟悉,服务水平得到提高。更为关键的是,流通服务人员积极参与信息服务所形成的"鲇鱼效应"对信息咨询人员是极大的促动,信息服务整体效益也会得到进一步提升。

(二) 实现信息咨询服务与"流动图书馆"的有效衔接

在现有图书馆的管理体制中,信息咨询和"流动图书馆"分属不同部门管理,二者要实现有效衔接,必须建立以"项目管理"为核心的工作体制。以灵活的"项目工作制"突破部门管理的界限,让信息真正"流动"起来,提高图书馆服务的整体效益。

1. 确立服务重点

"流动图书馆"更侧重于图书展示、书目推介和原文文献传递服务。信息咨询借助"流动图书馆"服务平台应更侧重于从社区居民、特殊群体中挖掘整理深层次的信息需求,同时策划读者活动,向他们宣传图书馆服务利用技巧,而不是简单地将一般导航性咨询、书目检索纳入其中。否则,只是增加了信息工作人员的服务量,其并未达到"推广图书馆信息服务"的初衷。其次,要与馆外流通站建立稳定的联系机制,在馆外流通站设联系人,主要负责收集所在社区居民的信息需求,及时将相关需求反馈给信息服务部门。

2. 完善服务体系

分属两个部门管理的业务聚合在一起,需要有一个比较完善的服务体系支撑。首先要明确服务分工,这样两个部门的参与者才能"有的放矢"地开展工作。其次要建立高效的协调体系,明确服务项目主导部门和配合部门的角色,项目组之间协调配合,保障服务项目顺利开展。从图书馆决策层来说,应赋予项目主导部门一定权限,避免工作产生问题时"扯皮"现象。最后要建立通畅的反馈机制,项目运行过程中涉及需要向流通部门公开的课题资料收集要求、课题分析、阶段性的分析评估、项目组人事调整等应及时通报。

3. 制定灵活的激励机制

为了调动信息咨询部门和流通部门的工作人员的积极性,需要建立灵活的激励机制。笔者认为,应将考核与引导相结合,保护和激励工作人员的工作热情。目前,事业单位正在进行工资制改革,强化建立绩效工资体系,可考虑将参与项目的实际工作表现及服务业绩纳入绩效工资考核体系;完善现有考核体系,为项目参与者提供一个向上的发展空间。广州图书馆自 2004 年推行全馆"协调统一"咨询体制,在流通部门亦设立了咨询员的岗位,可完善咨询员进入与退出机制,在考核体系中加入组织项目实施、参与项目业绩的考核内容,并由此作为咨询员晋升与下岗的依据之一。通过这种考核体系,可以鼓励流通服务部门普通员工及信息部门工作人员积极参与信息服务项目;也可以加强与社区读者互动，组织读者沙龙。在流通部门的支持下，通过与读者互动，点评高质量的咨询案例，推介图书馆服务，推动读者认知，使其享受图书馆信息咨询服务，进而扩大图书馆信息服务的社会影响力。

第六章 公共图书馆服务的新发展探微

第一节 公共图书馆新型阅读空间建设

2020年10月，中宣部印发的《关于促进全民阅读工作的意见》中提出，要加强优质阅读内容供给、完善全民阅读基础设施和服务体系、组织引导社会各方力量共同参与和加强全民阅读宣传推广等。2021年6月，文化和旅游部印发的《"十四五"公共文化服务体系建设规划》中提出，要结合公共图书馆总分馆制建设，试点推进建设一批管理先进、特色鲜明与社区融合共生的主题性阅读场所。以新型阅读空间建设为抓手，努力促进阅读空间高质量发展，让群众享受更多高品质的阅读体验，这是"十四五"期间公共图书馆事业发展的重点任务之一。

一、公共图书馆新型阅读空间的建设类型

（一）以内容为特色的主题阅读空间

基于特色馆藏或突出特色文化提供阅读服务是主题阅读空间的主要特点，近年来涌现出的传播和弘扬红色文化的红色阅读空间就是主题阅读空间建设的典型案例。例如，太原市图书馆的"马克思书房"，建设目标定位于党的创新理论实践基地和青少年思政课示范基地、新时代新思想主题学习教育空间和基层理论宣讲示范点。"马克思书房"的空间设计既注重科学性、合理性，又兼顾舒适性、休闲性和时尚性，设置了展览区、休闲区、研讨区等，并面向社会各界组织开展线上线下教学演讲活动，将抽象深奥的红色理论知识以浅显易懂、生动有趣的方式进行传播，受到读者好评。东莞图书馆依托红色少儿读物和主题数字资源建设的少儿红色书坊，为孩子和家长打造了集阅读、党史课堂、教育学习、展览展示于一体的沉浸式阅读空间。此外，杭州图书馆建设的一系列主题分馆，如佛学分馆、诗歌分馆、茶文化分馆、知识产权分馆等，也是基于特色文献突出特色文化的新型阅读空间。

"图书馆+多业态"建设模式为图书馆开拓多样化的阅读空间提供了无限可能，有利于阅读设施的体系化建设布局，在建设过程中对社会各类服务资源、环境的整合使图书馆的阅读服务在更加便捷化的同时增加了更多的附加服务，如"图书馆+社区""图书馆+农村书屋""图书馆+学校""图书馆+医疗机构""图书馆+加油站""图书馆+健身房""图书馆+书店"等模式，既拓展了公共图书馆的阅读服务范围，也丰富和提升了读者的阅读体验。"图书馆+多业态"阅读空间多位于特定的机构或区域，便利性及服务针对性是其最大特点。例如：东莞图书馆在东莞市康复医院建立图书服务站，配备了5000余册医学、养生、文学等纸质文献和电子文献，既为医护人员搭建了交流学习的平台，又为患者提供了阅读空间；江阴市图书馆与咖啡馆、花店等合作建了"三味书咖"，由图书馆提供书籍，咖啡馆、花店负责日常管理，运营效果良好；呼和浩特市图书馆的"鸿雁悦读"计划采用的是"图书馆+书店"模式，即与新华书店联合，将其旗下的城市书房建设成为图书馆分馆——"鸿雁书屋"，实现了购书、读者卡办理、借还书、阅读学习的一站式服务，并在此基础上将"鸿雁书屋"拓展到景区、加油站、市民服务中心，形成了阅读空间的体系化建设。

二、公共图书馆新型阅读空间的建设方式

（一）公共图书馆自建方式

公共图书馆自建的新型阅读空间多在其内部建造完成，其建设经费、运营费用均由图书馆自行承担。公共图书馆在馆内自建的新型阅读空间内开展服务和阅读推广活动，既可以由图书馆独立承担完成，也可以与社会力量合作完成。例如，赤峰市图书馆投入人力物力在馆内建设了新型阅读空间"松州书院"，书院的日常管理和运营由图书馆负责，书院的文化历史讲座、阅读推广活动则与社会力量合作开展。

（二）公办民助建设方式

公办民助建设方式是由政府或图书馆提供阅读空间建设所需的空间场地、文献资源等，由社会力量负责阅读空间的日常管理和运营。例如，合肥市图书馆与企业合作打造"悦书房"，由合肥市图书馆提供空间和资源，由企业负责"悦书房"空间再造、品牌构建培育、文创产品设计销售以及日常管理等，运行效果良好；北京朝阳区图书馆与民办亲子阅读机构悠贝亲子图书馆合作建设分馆，开展亲子阅读活动，受到市民欢迎。

（三）民办、公助建设方式

民办、公助建设方式是由社会力量提供空间场地，政府给予政策、资金等支持。例如，广东省文化和旅游厅在全省开展的文旅融合试点项目"粤书吧"，由企业自愿申报，文化和旅游管理部门从中选取条件好的企业负责"粤书吧"的场地建设、运营维护，以及书籍管理、人员管理等工作，由图书馆提供图书资源并负责人员培训，政府对"粤书吧"的日常维护、人员培训、图书资源采购以及阅读活动给予一定的资金补助。又如，长春市图书馆与房地产企业合作，在企业新建楼盘开设高品质阅读空间"阅书房"，长春市图书馆负责提供文献资源和业务指导。

三、公共图书馆新型阅读空间建设的有效策略

（一）加强阅读空间特色人才培养

在新型阅读空间的建设初期就应根据服务内容和方向制订人才培养计划，聘请相关领域的专家对馆员和社会机构的管理人员进行针对性培训，帮助他们提升空间管理和运营能力。例如，尼山书院建设之初虽然硬件条件较好，但是缺乏儒学专业人才，严重影响了书院发展，特别是区县级图书馆更是难以有效开展阅读推广活动，因此 2014 年山东省图书馆学会联合中国图书馆学会阅读文化研究委员会举办了"全省尼山书院建设与图书馆阅读推广师资培训班"，对全省各地市图书馆从事尼山书院建设和阅读推广工作的业务骨干进行了全方位培训，为"图书馆+书院"模式的发展提供人才支持。

（二）加大阅读空间宣传力度

新型阅读空间是公共图书馆在传统阅读空间基础上创新发展的特色阅读服务场所，功能和服务内容往往并不被公众熟知，只有进行全方位的宣传才能让更多读者了解。公共图书馆可充分利用微信、微博、短视频平台等多种渠道进行宣传推广。例如：制作介绍阅读空间特色、阅读活动的短视频或开通活动直播；通过微博、微信公众号发布活动预告、招募志愿者等；建立 QQ 群、微信群，积极与读者沟通交流，听取他们对阅读空间建设的意见，定期举办线上线下联动活动，拉近图书馆与读者的距离。

此外，公共图书馆还要加强与阅读空间周边社区、企业、学校的联系，利用馆藏优势和场地优势举办相关活动，如针对企业员工、学校师生举办他们感兴趣的活动，同时还要多关注社会热点问题，将社会热点问题作为活动主题与阅读空间服务相联系，以吸引读者关注。

（三）扩大合作范围，融入地方文化

新型阅读空间与区域文化的深度融合仅靠图书馆自身力量是远远不够的，即便是图书馆自建的阅读空间，后期运营也需要借助一定的社会力量。例如，尼山书院师资培训班的讲师大多是当地文化名人、教师，以及来自书法家协会、美术家协会、作家协会、戏剧家协会等社会团体的人员。地方文化是与当地群众联系最为紧密的文化，也是当地群众最能接受的文化，公共图书馆要在阅读空间融入与群众日常生活联系密切的地域文化，贴近群众，引发共鸣。例如，饺子是中华民族的传统美食，北碚图书馆以饺子为媒与社会力量合办饮食文化主题分馆，将饺子这一美食与书籍联系在一起，不仅使普通常见的饮食文化得以升华，还使阅读空间服务很快融入了当地社区，接地气而又不失优雅。

总之，与传统阅览室相比，新型阅读空间更具时代气息，更能满足用户的个性化需求，是公共图书馆响应国家全民阅读推广号召、提升读者阅读体验、拓展阅读服务范围、创新阅读设施布局的重要举措。总结公共图书馆新型阅读空间的建设成果和经验，发现不足，展望未来发展趋势，对于公共图书馆事业的高质量发展具有重要的理论和实践意义。

第二节　VR 技术提升公共图书馆服务效能

随着国民综合素养的不断提升，公共图书馆的读者数量不断增多，人们也更加倾向于以文化休闲的方式度过业余时间。不断增长的读者群体导致公共图书馆读者服务压力逐年增大，有限的物理空间以及读者多元服务需求迫使图书馆必须采用新的服务方式提升自身服务效能。

一、VR 技术概述

（一）VR 技术的界定

虚拟现实技术（virtual reality）简称 VR 技术，是利用计算机仿真技术、传感技术、三维图像技术等构建相应的虚拟环境，增强用户的使用体验并提供人机智能交互的新兴媒体技术，VR 技术被誉为 21 世纪计算机领域最关键的技术之一。VR 技术与传统媒体技术的最大区别在于：其能够多维模拟用户的感官体验，打造三维动态虚拟环境，并借助感知、交互等沉浸式沟通方式提供身临其境的环境，让用户获得逼真的现实感受。在公共文化服务领域，VR 技术同样拥有巨大的发展空间，虚拟图书馆、虚拟空间导航、智慧参考咨询

等服务无一不需要 VR 技术的参与。VR 技术集成图形数据、自动传感、智能显示和急速处理等突出优势，能够在公共图书馆文化传播、知识教育等方面起到巨大的促进作用，推动阅读服务方式、内容朝着多样化、多元化的方向发展。

（二）VR 技术的突出优势

从 VR 技术的内涵和应用角度分析，VR 技术具有立体感知、无限逼真、交互体验等特征，信息服务优势突出。

第一，VR 技术能够通过智能感知设备参数调整实现接近现实的听觉、视觉和触觉感知等，随着技术的发展，VR 技术还能在未来实现味觉和嗅觉的感知，从而能够根据用户需求营造具有立体感的环境或立体式资源，用户借助 VR 技术能够在特定的虚拟环境中"翻阅"文献，感受作者创作情境和内心情感。

第二，VR 技术能够通过构建虚拟的 3D 环境让用户获得虚拟与现实共存的真实感受，当前很多图书馆推出的"VR 体验之旅"就取得了良好成效，VR 头显设备提供的场景与现实高度贴近。

第三，VR 技术能够提供智能化的人机交互服务，利用技术突破时空界限，通过逼真模拟实现用户与虚拟对象之间的情感交互，从而获得情感共鸣，产生极为真实的阅读体验。

此外，随着 VR 技术的不断成熟，很多大型图书馆已经在应用或计划引进 VR 设备，以求通过技术应用创新服务方式。

（三）VR 技术在公共图书馆的应用场景

目前，VR 技术能够应用于文献导读、文献检索、参考咨询、远程服务等场景，提升读者服务水平。

将 VR 技术应用于文献导读能够让读者产生身临其境的感觉，清晰呈现读者所需的各项服务，可视化梳理文献脉络，有效满足他们对文献信息的导航需求。VR 技术的嵌入能够使导航更具趣味性，同时提升读者对文献资料的掌控力。

文献检索服务应用 VR 技术能够让读者以可视化的方式全面了解文献资料的类型、作者、创作背景、出版时间等重要信息，且检索速度快、效率高，还可显示与之相关的同类文献。

VR 技术的交互性特征能够为参考咨询服务提供具有沉浸感的交流环境和多元化的文献呈现方式，优化服务体验，使参考咨询工作更具吸引力，同时 VR 技术还能使参考咨询突破时空限制，实现全天候服务。

以 JG 通信为代表的信息传输技术为公共图书馆远程服务提供了便捷化渠道，VR 植入其中能够通过丰富服务内容、拓展服务形式等方式进一步拉近与读者的距离，同时也能使图书馆服务更加贴近读者需求。

除了上述服务场景，VR 技术还能为读者提供个性化的服务方式，尤其是能够为文化休闲提供多元化服务场景，让读者能够身临其境。

二、公共图书馆服务效能提升中 VR 技术的应用思路

（一）读者服务效能提升中 VR 技术的应用目标

公共图书馆可借助 VR 技术实现馆内各类型资源的有效整合，实现人才、资源、服务的优化配置，逐步建立一种自助型、创新型的服务模式。VR 技术支撑下的读者服务工作旨在以多元化、多样化的形式为读者提供便捷周到的个性化文献服务，充分体现出服务的差异性和分众性，让读者获得系统化的深层次文化服务。公共图书馆还可利用 VR 技术为读者构建 3D 阅读环境，以可视化方式彰显馆内的建筑特色、环境布局和资源分布，提升自身智慧化服务水平，让读者获得沉浸式的阅读体验，并搭建多元主体自助交流平台，吸引更多民众参与阅读，进一步优化自身服务职能。

（二）读者服务环节的 VR 技术应用方法

在当前技术条件下，公共图书馆可采用虚拟现实建模语言（virtual reality modeling language，VRML）方法或 360°全景图法，技术人员通过计算机自带的文本编辑器等进行源程序代码的编辑，同时在浏览对应服务场景时安装 Cortona3D Viewe 等插件，信号源允许拨号、宽带、无线网络等多种方式接入。由于 VRML 对于计算机软硬件的要求不高，因此场景建模的难度不是很大，不需要计算机有特殊配置，模型的运行速度也比较快。360°全景图法是采用多张高清图片首尾相连拼接的方式形成图片链，让用户的视野由平面拓展到 360°，产生身临其境的效果。与 VRML 建模相比，360°全景图方法操作简单，技术要求不高，可操作性强，但 VRML 建模和 360°全景图法各有优势，馆员团队应根据馆内实际和用户需求进行选择。若馆内空间复杂、功能较多，则应选用 VRML 建模方法；如果馆内空间结构简单、功能单一，则应选用 360°全景图法。

（三）读者服务中 VR 技术的应用模式

VR 技术在公共图书馆读者服务中的应用模式主要受读者需求和自身技术应用能力的影响。信息时代，读者服务需求的日益提升迫使图书馆服务转型发展，馆员队伍综合素质

的提升为 VR 技术的深入应用提供了有利条件。根据读者需求层次和馆员队伍综合素质的不同，VR 技术在读者服务效能提升中的应用也分为三个层次：传统自助服务模式、个性化服务模式和结构化服务模式。偏远地区资金技术能力较弱的图书馆可选用传统自助服务模式，即利用 VR 技术为读者提供基础性的文献资料和自助服务，如资源检索、文献传递等，该模式注重馆藏资源的整合与开发，能够满足偏远地区用户的基础性和常规性服务。地区经济情况较好、馆员综合素质较高的图书馆可结合读者实际需求为其提供差异化的个性化服务，彰显服务的智慧性和特色水平，提升读者的满意度和使用黏性。地区经济发达且拥有专业馆员队伍的图书馆应采用结构化服务模式，为读者提供结构化、深层次的信息服务，对他们所需的文献进行过滤、分析、整合和二次加工，协助他们实现对资源的高效利用，更好地满足其现实需求。

三、公共图书馆服务效能提升中 VR 技术的应用策略

（一）优化馆内硬件设施，提供设备培训服务

将 VR 技术应用于公共图书馆能够有针对性地提升读者阅读的便利性，但在 VR 技术应用初期仍需图书馆提供相应的使用引导服务。利用 VR 技术可获取周边真实环境数据并进行三维数据建模，构建相应的虚拟环境模型，尤其是对于空间分布和资源分布复杂的图书馆而言，通过优化馆内硬件设施并应用 VR 技术能够构建馆内三维虚拟模型，读者无须实际行动就能熟悉馆内空间与环境特征，并智能制定行动路线。VR 中的行为建模技术能够对物体行为进行建模，赋予虚拟物体具有真实质感的物理属性、自然反应能力和行为反应能力，因而读者能够通过 VR 设备实现高度真实感和沉浸感的阅读体验，当前图书馆的资源检索、书籍借还、咨询服务等均可通过使用 VR 设备实现。为了使读者具有一定的 VR 设备操作能力，图书馆应定期开展相应的设备使用培训服务，使读者了解 VR 设备的功能并能够通过自助操作实现所需服务。

（二）挖掘用户数据价值，改善阅读服务环境

VR 设备能够通过智能感知和人机交互等方式获得读者的多维度数据，如读者生理信息、行为信息、阅读偏好等。当前，VR 技术中的自然交互技术能够实现设备与读者通过眼睛、耳朵、语音和动作等感觉方式的交互，同时设备还能通过读者的面部表情、触觉反馈和眼球跟踪等调整虚拟环境参数，优化读者服务体验。因此，公共图书馆可利用 VR 技术中的自然交互技术深挖读者数据价值，预测其潜在服务需求，并通过读者在虚拟环境中的体验与感受反馈数据优化服务流程。当前，公共图书馆还可采用立体 VR 显示方式，通

过塑造综合感官体验为读者提供逼真的阅读情境和立体虚拟阅读对象，使其获得高度的沉浸感。应用传感技术和立体 VR 显示能够有效解决当前部分读者遇到的认知障碍，激发其阅读热情，提升资源利用率。

（三）创新开发智能软件，提升智慧服务水平

VR 技术设备在服务过程中能够收集大量用户数据，如果开发相应的智能软件合理使用这些数据，则能为读者提供更加周到的服务。公共图书馆可联合科技单位开发智能软件与设备，如开发虚拟馆员和智能服务机器人等，创新服务方式，提升自身服务水平。虚拟馆员将是未来读者服务发展的重要趋势，技术人员可通过语音识别技术将读者发出的语音信号转变为计算机语言，并结合 VR 设备收集的用户数据，理解读者发出指令的意图，作出相应的服务回应。AI 语音合成技术可应用在智能机器人服务中，机器人可通过识别读者的语音、语气和意图等智能调整交流方式。此外，公共图书馆还可利用 VR 技术对图书馆进行虚拟空间设计，使读者享受到个性化、专有化的服务，如为读者建立个人书架、讨论专区等，让他们感受技术赋能阅读的魅力。

总之，随着 VR 技术的发展与读者阅读方式的变化，公共图书馆虚拟服务将成为读者服务的重要组成部分，并为读者提供别致、新颖和更具个性化的特色服务。将 VR 技术优势与图书馆文化教育职能相结合，能够在多个服务场景中彰显资源价值和人文关怀，为读者提供更深层次的优质服务。公共图书馆应根据读者需求与自身资金技术条件确定服务目标，选用与自身匹配的 VR 服务模式，优化硬件设备，挖掘数据价值，开发智能软件，并做好相应的读者引导培训、环境改善和虚拟服务开发工作，凸显新时期公共图书馆的核心信息服务优势。

第三节　新媒体助力公共图书馆服务创新

随着社会的发展和信息技术的日新月异，新媒体技术的影响正在逐渐扩大。新媒体技术的发展扩大了用户信息获取范围，延伸了用户信息触角，已经深刻地改变了人们的信息获取方式和信息阅读方式。在这种背景下，公共图书馆的服务环境也在悄然发生着变化，一些公共图书馆顺应新媒体发展浪潮，积极利用新媒体技术延伸服务内容和服务手段，把图书馆打造为用户的"第三起居室"。但是，仍然有很多公共图书馆对于新媒体服务缺乏经验，只是简单地利用一些新媒体平台发布广告和宣传，服务内容很难适应当今信息生产方式和信息消费的变化，服务效果并不理想。因此，根据新媒体的特点，将新媒体技术与

公共图书馆服务深度融合，探究新媒体环境下公共图书馆服务优化举措，对于公共图书馆的服务创新和转型具有重要意义。

一、新媒体的内涵及特点

"新媒体"由"new media"直接翻译而来。关于新媒体的概念，有广义和狭义两种。广义的新媒体包含两类：一类是指基于技术引起的一些媒体形态的变革，如随着技术的发展而出现的 VR 技术、移动网络技术和数字电视技术等；另一类是指以前就已经存在的，但是直到现在才被运用于媒体宣传的平台和技术，如楼宇电视和车载电视。狭义的新媒体仅指由于技术的发展而产生的一些新鲜的媒体形态。

由此可见，伴随着信息技术发展而产生的新媒体，其最大的特点是打破了媒介之间的边界和传播壁垒，让信息可以在更大范围、更多人群中传播。新媒体具有以下典型特点。

第一，满足用户个性化需求。传统媒体的信息输出方式都是单向且大众化的，用户只能被动地接收信息，不能选择自己感兴趣的某一主题信息。新媒体环境下，用户不仅可以定制自己需要的信息，而且新媒体技术还会对用户群体做深层次的细分，根据用户的爱好精准推送符合用户需求的信息。

第二，信息传播由单向变成多向。新媒体技术改变了传统的单向信息传播方式，用户既是信息的接收者也是信息的制造者和传播者。

第三，表现形式更加多样。新媒体可以融文字、音频、视频为一体，表现形式更加丰富，还可以随时存储和查找内容，更加便于用户检索和阅读。

第四，信息发布时效性增强。与报纸、电视等传统媒体相比，新媒体可以随时加工、随时发布，信息发布更加便捷，时效性也更强。

二、新媒体对公共图书馆服务产生的影响

新媒体时代，用户的阅读方式和阅读习惯都发生了显著变化，给公共图书馆的服务带来了挑战的同时，也拓展了公共图书馆的营销方式，搭建了业务创新平台。

（一）改变了用户的阅读习惯

新媒体集图、文、声、像于一体，能够给用户带来全方位的感官刺激，它随时随地可以阅读的便利性又增加了用户阅读的积极性。由于人们的生活节奏越来越快，人们很难保证有一整段的时间用于阅读，所以越来越多的用户选择利用手机、平板等移动终端在碎片时间里从微信公众号、QQ 空间、帖吧、微博等获取信息，用户的阅读终端、阅读方式和阅读内容都发生了很大的改变。

（二）拓展了图书馆营销方式

新媒体环境下，微信公众号、微博、贴吧、QQ 等新媒体从衣、食、住、行等方面都影响着我们的生活。这种改变也拓展了图书馆的营销方式。在新媒体出现之前，图书馆只能利用报纸、LED 显示屏、广播等方式进行营销和推广，这种营销方式不仅时效性慢，而且还缺乏与用户的互动，营销效果差。新媒体出现后，图书馆可以利用微信、微博、移动图书馆等进行推广和营销，与读者的交流变得更加便捷和无障碍，图书馆的营销效果大大增强。

（三）搭建了图书馆业务延伸平台

移动媒体、数字电视等新媒体与传统媒体和网络媒体相比，其丰富的多媒体性、便捷的可订阅性、个性化的海量信息、可交互性强以及成本低等优点为图书馆的业务延伸搭建了很好的技术平台，图书馆可以利用新媒体技术开展个性化信息推送服务、音视频点播服务、在线展览、实时参考咨询以及移动图书馆等服务，既提升了图书馆的用户体验，也从用户感知角度提高了图书馆的信息服务质量。

三、新媒体环境下公共图书馆服务优化的策略

为用户提供能满足他们需求的信息服务是公共图书馆的核心职能。新媒体时代，公共图书馆要积极利用新媒体技术加强图书馆资源保障体系的建设，为用户提供丰富的全媒体资源。此外，公共图书馆还要搭建新媒体信息服务平台，利用新媒体技术延伸和拓展图书馆的服务内容。

（一）加强资源保障体系建设，为用户提供丰富的全媒体资源

新媒体环境下，信息资源爆炸式增长，信息的存在形态和传播渠道都呈现出多样化的趋势，信息资源的类型越来越丰富，载体形态也越来越多样，图书馆如果还停留在传统的纸质资源建设上，那必然会被用户嫌弃。因此，面对多元化的信息资源传播渠道和多样化的信息载体，图书馆要加强资源保障体系的建设，为用户提供丰富的全媒体资源。

一方面，公共图书馆要建立统一的数字资源加工平台，对零散、分散的各类资源进行统一的集成化管理，实现数字对象管理信息的集中管理和准确关联。例如，公共图书馆可以深化自己的馆藏信息系统，将本馆收藏的图片、手稿、录像、录音等资源与纸质资源相关联，实现本馆资源的一站式检索。

另一方面，适当调整馆藏资源的比例和结构，加大符合手机、平板等移动设备上的电

子资源比例，对互联网上的新媒体资源进行收集、加工和整合，为用户提供更多的新媒体资源。同时，要加强馆际合作，促进资源共建共享。

（二）搭建新媒体信息服务平台

新媒体对用户的影响已经渗透生活的方方面面。图书馆可以积极利用新媒体技术搭建新媒体信息服务平台。

1. 微博

微博融合了即时消息和博客的特点，让互动交流更加便捷和无障碍。公共图书馆可以利用微博发布图书馆最新活动消息、实时分享好书资源、与用户在线交流，吸引更多的用户关注图书馆，提高图书馆的影响力和用户阅读的参与度。

2. 微信

微信是一款集文字、图片、语音、视频等交流方式于一体的移动互联网通信工具。公共图书馆可以借助微信公众号平台发布新闻消息和图书馆资源动态，在微信公众平台开通手机图书馆服务，只要用户绑定自己的读者证，即可使用微信公众号查看自己的借阅记录和进行图书续借。此外，公共图书馆还可以利用微信公众号进行信息推送服务，进一步优化图书馆的信息呈现方式，拓展与用户的信息交流渠道。

3. 移动图书馆 App

移动图书馆 App 的问世，让用户利用手机就可以享受图书馆的服务，极大地满足了用户随时随地利用图书馆资源的需求。公共图书馆可以利用移动图书馆 App 开展书目检索、数字资源在线浏览、展览讲座、预约续借图书以及信息咨询等服务。

4. 数字电视图书馆

数字电视图书馆服务是近几年公共图书馆服务的新浪潮，公共图书馆可以借助有线电视、直播卫星、通讯网、互联网等多种方式，利用互联网电视、公交卫视、数字电视等渠道，与当地网络公司开展合作，开展数字电视图书馆服务。

（三）利用新媒体技术延伸和拓展服务内容

第一，公共图书馆可以利用新媒体技术延伸图书馆的信息检索和资源获取服务。新媒体平台的利用让图书馆馆藏资源的查询和检索变得更加便利。公共图书馆可以借助移动图书馆 App 和微信公众号平台，让用户使用移动终端即可访问图书馆的海量资源。

第二，公共图书馆可以利用新媒体技术开辟新的信息推广空间。例如，公共图书馆可以借助一些交流互动平台不定期地发布一些新闻公告、开展好书推荐活动、举办线上讲座和线上展览等。

第三，公共图书馆可以利用新媒体技术开展文化传播服务。例如，公共图书馆可以利用视频号向用户推送一些文化讲座，宣传中华民族传统文化。

总之，新媒体环境是一个全新的网络服务环境，它既给公共图书馆的服务带来了挑战，也给公共图书馆服务创新提供了新的思路。公共图书馆不仅要抓住机会积极地利用新媒体环境开拓新的发展平台，也要做好自身的服务工作，深化服务内容，探索一条最适合自身的新媒体服务路径。

第四节　公共图书馆智慧服务的实现路径

现代信息技术为公共图书馆"十四五"期间的转型发展带来了发展机遇，以大数据、云计算、5G 通信技术、区块链等为代表的新兴技术构成的融合技术体系为图书馆读者服务转型发展创造了良好的技术环境，"智慧社会"理念的提出，表明图书馆智慧服务的发展同样有坚强的政策支撑。公共图书馆智慧服务集技术、馆员和服务于一体，贯穿图书馆建设和运营的全过程，以新兴技术为支撑实现对信息技术、人力资源、馆藏文献的多维度整合，同时也是公共图书馆在新的历史时期优化自身服务形象，以技术驱动自身发展的重要举措。当前，公共图书馆智慧服务仍处于理论阶段，不同技术手段在全国图书馆均有不同程度的应用与实践，都成为构建智慧服务体系的重要参考，加快了公共图书馆由传统服务向智慧服务的转变。

一、智慧图书馆与智慧服务概述

（一）智慧图书馆

智慧图书馆泛指不受空间限制且能够被感知的移动图书馆。智慧图书馆这一概念在我国尚处于理论发展阶段，当前学者较统一的认识是智慧图书馆是一种新型信息交互方式的枢纽，其以现代化信息技术为依托，重塑了传统用户与图书馆之间的信息交互模式，智慧图书馆较之传统图书馆在信息交互的清晰度、灵活性与反应速度上均有明显提升。智慧图书馆不仅仅体现在技术层面，更强调将现代技术、读者服务、馆员队伍与流程管理融合成一个整体，以技术为支撑、以服务为载体、以精准高效为特征，在多个维度推进读者服务实现质变。智慧图书馆这一概念源自智慧城市，智慧图书馆也是在智慧城市的大背景下建设和发展起来的。智慧图书馆作为其中重要的文化教育场所，其服务能够从多个维度辐射智慧社会建设，同时获取智慧社会中的有益资源为智慧图书馆开展更加优质的读者服务提供有益帮助。

（二）智慧服务

智慧服务是智慧图书馆发挥效能的主要外在表现形式，智慧服务的提出将图书馆读者服务转型发展理论提升到了新高度，将有效推动传统服务的创新发展。智慧服务与传统服务存在很大的区别。

首先，在服务性质上，智慧服务注重新兴技术的应用与读者需求的深度融合，将智慧思维与技术手段应用到用户画像分析、服务流程等具体环节，不断寻求新的服务价值增长点，满足读者多元化的服务需求。

其次，在服务功能上，智慧服务立足于读者动态需求变化，通过便捷高效的方式为读者传输资源，该服务功能的实现基于精准的用户画像分析、智库建设、数据分析与精准推荐等。此外，读者私人信息也将得到多重保护，服务功能的精细化水平得到明显提升。

最后，在构成要素上，智慧服务的构成要素较复杂，由数据、技术、人员、业务与知识五大要素组成。以上要素的融合驱动了图书馆服务形态的优化，使读者服务呈现数字化、便捷化、人性化的智慧特征。智慧服务的突破点在于能够处理好读者、资源与空间三者间的关系，将泛在化、情景化服务融入其中，促使公共图书馆在服务方式、内容、空间等方面实现智慧转变。

（三）智慧服务技术手段

图书馆智慧服务主要依托技术手段发挥自身服务效能，就当前图书馆的服务实践而言，使用较多的技术手段主要有移动视觉搜索技术、大数据技术、云计算技术、5G 通信技术等。各种技术在不同的服务类型中发挥的作用各不相同。例如：在智慧服务的后台系统建设与运营环节，大数据技术通过感知层、数据层、分析层、应用层与平台层等实现数据的全面收集、分析与辅助决策；云计算技术能够协助图书馆构建信息系统，满足图书馆对海量文献的需求；移动视觉搜索技术能够识别读者上传的图片信息，并在馆藏资源库中快速搜寻相似信息；深度学习技术能够通过系统远程获取读者偏好数据，绘制读者画像，向读者精准推送相关资源；5G 通信技术能够高效服务于图书馆物联网系统，协助实现智慧服务中的虚拟现实、知识可视化、人机交互等复杂功能。

二、公共图书馆核心环节智慧服务的表现形式

(一) 智慧检索

文献检索是公共图书馆读者服务的重要环节，读者通过以移动视觉搜索技术为支撑的智慧检索服务，能够高效便捷地检索到所需文献，检索速度较以往更加快捷。智慧检索系统能够通过读者的检索行为及检索记录分析读者的阅读偏好，在目的文献的下方呈现读者所需的相关推荐文献，为读者提供更加贴心的服务。读者可以在检索完成后对检索结果的准确性、全面性等指标进行反馈，系统会自动识别读者反馈信息，调整搜索方式或搜索策略，进行二次检索，以便搜索到的资源能够更加契合读者实际需求。智慧检索系统能够提供多种文献检索方式，包含标题、关键字、主题、字段、图片等，还可以进行语音输入和照片输入等，为读者提供多元化的检索方式。此外，智慧检索系统还会在读者检索过程中加入一些随机检索和推荐元素，为他们推荐与其需求相关的边缘学科文献，最大限度地激发他们的潜在需求。

(二) 智慧挖掘与推送

成熟的智慧服务通过分析图书馆动态数据实现服务增值，具体步骤包括：一是通过知识挖掘工具与传统工具建立成熟的知识挖掘与管理机制；二是不断采集和积累用户借阅信息，获取读者行为数据；三是构建读者需求画像，分析读者知识结构，挖掘其深层次需求，精准推送文献资源。

"互联网+"环境下，读者在使用智慧服务的过程中会产生海量数据，因此图书馆应使用大数据分析系统分析读者数据。当前较先进的分析系统为Hadoop，该系统由多个软件产品组成，功能相对齐全，能够支持公共图书馆对读者数据的实时分析与挖掘。公共图书馆通过智慧挖掘产生的数据信息价值较大，能够充分体现数据智慧，为后续高质量精准推送文献信息提供可靠的数据支撑。智慧推送是体现服务智慧性的重要表现形式，对公共图书馆来说，智慧推送要基于读者多样化的阅读需求，主动通过高效便捷的途径向读者传输相关文献资源。公共图书馆智慧推送服务主要根据读者的兴趣与特征，将读者的兴趣点、知识类型、展示方式等划分为若干个类型，采用不同的技术与媒介进行推送，满足读者的个性化需求。

三、实现公共图书馆智慧服务的有效路径

(一) 优化交互方式，不断丰富平台功能

图书馆智慧服务中的人机交互质量影响用户的阅读体验，同时也影响用户对公共图书馆的黏性。当前，已有的读者服务方式有图书馆网站、QQ 读者群、微信公众号，公共图书馆可以在保留现有服务路径的基础上升级自身服务系统，将其转化为智慧化自助服务模式，收集读者阅读痕迹与反馈意见，然后集中所有反馈意见并分类传送到对应的管理人员手中。

人机交互是图书馆获取读者信息与反馈的重要途径之一，因此必须畅通各种人机交互途径，不断追求人机交互方式的多元化、多样化，通过便捷化、智能化的交流方式拉近图书馆与读者之间的距离，使图书馆智慧服务更加贴近读者需求。在人机交互过程中，交互界面终端显示能够影响读者对智慧服务的第一印象，进而引发读者的连锁行为，因而人机交互界面产生的视觉效果成为影响智慧服务的重要因素，为此，公共图书馆人机交互界面设计应具有艺术性，使用简洁明晰的服务框架，同时采用音乐、动画等多种展示方式，让用户从视听等多个角度获得愉悦感。在平台功能上，智慧服务应为读者提供个性化功能定制服务，为读者打造需求较集中的快捷使用功能，支持读者对功能操作的个性化设置，提升智慧服务质量。

(二) 大力提升挖掘效能，重视推送精度

与传统读者服务不同，智慧服务基于图书馆与读者的隐性交互过程感知读者需求，通过分析读者信息与借阅行为，充分挖掘数据信息的内在价值，为读者精准推送所需文献资源。精准性是图书馆智慧服务的重要特征之一，智慧系统通过"收集数据—分析需求—预测趋势—调节策略—科学规划"的系统路径实现精准服务。为此，公共图书馆应借助大数据、神经网络与云计算技术构建强大的数据挖掘与分析系统，提升数据分析效能，通过收集数据构建读者画像，在充分尊重和保护读者隐私的前提下构建读者知识体系，开展精准推送。

在具体实施过程中，公共图书馆可将用户的兴趣作为主要分类依据，从图书馆已有的特色资源库中选出读者关注度较高、访问量较大、点击率较高的文献进行推送，在推送过程中应基于读者阅读习惯与常用阅读形式，通过最优的媒介传送不同类型的文献资源。对于知识性较强的文献资源，读者易于接受的资源形式有微课、微电影、有声资源、动画等，图书馆可重点加强对以上几种资源的建设工作，以满足读者的知识需求。

（三）积极创新评价机制，优化指标体系

评价机制是推动公共图书馆服务转型变革的外驱动力要素，创新评价机制、优化评价指标体系能够有效推动图书馆实现智慧服务。就智慧服务的内容而言，公共图书馆要注重提升智慧服务的全面性、完善性与高效性，优化读者阅读体验，满足读者多样化的阅读需求，追求服务的智慧化与人性化，不断提升读者对图书馆的黏性。公共图书馆应优化现有的评价机制，引导图书馆趋于智慧化服务方向。在具体实施过程中，区域内总分馆体制中的总馆应牵头制定可复制、易推广且具有扩展性的智慧服务流程评价机制，明确智慧服务评价指标；各分馆可以依据自身实际与当地读者需求补充个性化的评价细则，保证宏观评价框架的合理性和微观评价细则的合情性，不断优化和完善智慧服务评价机制。智慧服务评价指标基于智慧服务宏观框架，涵盖感知、管理、服务及决策等环节，评价指标的优化应侧重数据收集的全面性、管理环节的全面性、服务流程的标准性以及决策判断的科学性等，不断丰富智慧服务评价机制的内容。

在现代信息技术环境下，智慧服务已成为时代主旋律，读者的阅读需求与阅读习惯已发生了很大变化，公共图书馆的服务输出也要向灵活智慧思维转化，主动升级服务理念。当前，"十四五"规划为图书馆智慧服务发展提供了良好的政策机遇，迅猛发展的现代信息技术为图书馆智慧服务提供了完备的技术支撑，公共图书馆应抓住发展良机，充分利用政策支持和智慧技术优势，重视智慧服务的核心环节，拓展服务功能，挖掘数据价值，创新评价机制，实现自身服务的智慧升级。

参考文献

[1] 蔡幸．中国公共图书馆危机管理对策探析［J］．情感读本，2015（11）：33.

[2] 陈公维．公共图书馆读者服务工作模式创新［J］．内蒙古科技与经济，2022（16）：152-154.

[3] 陈燕．公共图书馆财务管理工作难点与对策研究［J］．会计师，2018（23）：36-37.

[4] 戴建陆．我国公共图书馆服务标准研究［J］．图书馆学刊，2012，34（10）：53-55.

[5] 段林云．公共图书馆人力资源管理存在的问题及对策［J］．科技信息（科学教研），2008（15）：626；612.

[6] 付立宏，袁琳．图书馆管理学［M］．武汉：武汉大学出版社，2010.

[7] 何芳．公共图书馆人力资源管理与创新的路径研究［J］．办公室业务，2016（22）：164.

[8] 胡中卫．新媒体时代公共图书馆管理和服务的创新［J］．记者观察，2022（32）：85-87.

[9] 黄爱玲．新媒体环境下公共图书馆阅读推广服务探讨［J］．档案，2023（1）：77-80.

[10] 黄钟婷．公共图书馆读者服务应用建设实践研究［J］．办公室业务，2023（1）：70-74.

[11] 贾晓兵．公共图书馆管理现状及对策分析［J］．办公室业务，2022（13）：159-161.

[12] 江锦才．公共图书馆新型阅读空间创新建设研究［J］．河南图书馆学刊，2022，42（12）：19-21.

[13] 李龙渊．公共图书馆服务平等、开放、共享理念解析［J］．图书馆建设，2021（1）：39-47.

[14] 李瑞欢．公共图书馆工作实务［M］．北京：现代出版社，2018.

[15] 李校红．公共图书馆智慧服务研究：关键要素、实现路径及实践模式［J］．情报资料工作，2019，40（2）：95-99.

[16] 李昕阳．读者服务视域下公共图书馆提升服务效能对策［J］．传播与版权，2023（7）：84-86；91.

[17] 李雄．公共图书馆知识管理模式与运行机制分析［J］．鄂州大学学报，2018，25（2）：56-57；67.

[18] 梁朝霞．公共图书馆未成年人服务与保障途径探究［J］．人文天下，2019（6）：69-71.

［19］刘芳芳，赵晓丹．图书馆管理与开发利用研究［M］．天津：天津科学技术出版社，2020.

［20］马丽．公共图书馆智慧服务路径探究［J］．江苏科技信息，2022，39（13）：24-26.

［21］任鹏．数据赋能的图书馆智慧阅读推广服务实践探索［J］．图书馆学刊，2023，45（1）：75-79.

［22］阮光册，杨飞．公共图书馆管理与服务［M］．上海：上海科学技术文献出版社，2015.

［23］沈丹．公共图书馆管理与服务创新路径探索［J］．产业与科技论坛，2021，20（16）：279-280.

［24］孙桂梅，刘惠兰，王显运．图书馆管理与服务创新研究［M］．北京：现代出版社，2019.

［25］孙美虹．关于公共图书馆创新管理模式的思考［J］．文教资料，2021（16）：44-45.

［26］孙美虹．试论公共图书馆管理体制与管理理念的创新［J］．兰台内外，2021（17）：48-50.

［27］唐曼珍．新时期图书馆信息咨询服务体系构建研究［J］．传媒论坛，2018，1（20）：155.

［28］唐雅晴．新媒体环境下公共图书馆服务优化研究［J］．内蒙古科技与经济，2022（6）：136-137.

［29］汪燕．公共图书馆阅读推广服务创新探讨［J］．文化产业，2023（11）：106-108.

［30］王幸远．VR技术在公共图书馆服务效能提升中的应用策略研究［J］．河南图书馆学刊，2022，42（10）：53-55.

［31］王雪超．我国公共图书馆服务标准发展脉络及趋势［J］．图书馆学刊，2012，34（5）：73-76.

［32］王瑶．公共图书馆的新媒体服务现状与趋势［J］．传媒论坛，2021，4（13）：141-142.

［33］吴斯曼．公共图书馆智慧服务实现路径研究［J］．河南图书馆学刊，2022，42（7）：36-38；64.

［34］武鑫．拓展公共图书馆读者服务的探索与实践［J］．参花（上），2022（7）：92-94.

［35］夏建华．公共图书馆人力资源管理探讨［J］．改革与开放，2013（21）：90-91.

［36］颜巍梅．图书馆信息咨询服务发展创新策略［J］．兰台内外，2021（14）：45-47.

［37］杨颖璐．浅谈新媒体环境下如何做好公共图书馆读者服务工作［J］．作家天地，2021（8）：107-108.

［38］姚秀穗．现代公共图书馆读者服务工作的优化路径［J］．兰台内外，2022（25）：

46-48.

［39］岳磊.试述能级原理在图书馆管理中的运用［J］.内蒙古科技与经济，2010（5）：
    144-145.

［40］张伟.免费服务环境下图书馆信息咨询服务的新思路［J］.图书馆学刊，2012，34
    （10）：79-81.

［41］张晓娟.略论公共图书馆管理中柔性管理的应用策略［J］.参花（下），2022
    （6）：93-95.

［42］周沛.公共图书馆管理现状、问题及对策研究［J］.产业与科技论坛，2022，21
    （4）：277-278.